THOMAS KE
VERLA

Holsteinische Schweiz

KANU KOMPAKT

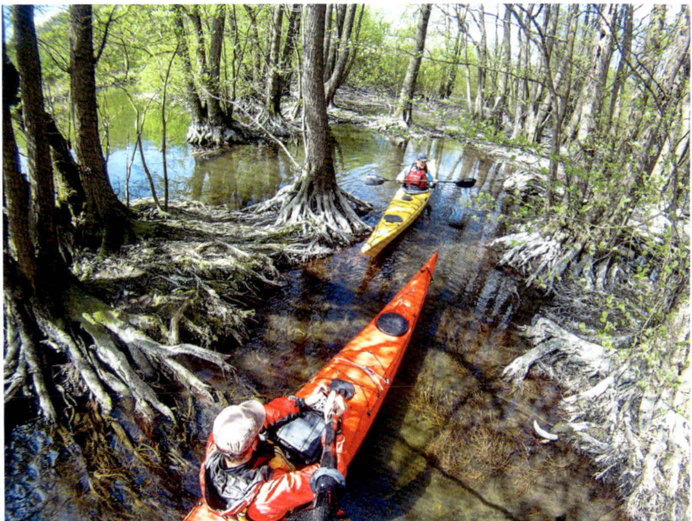

Impressum

Von-Hutten-Str. 15
D-22761 Hamburg
Tel. +49 (40) 39 10 99 10
Fax +49 (40) 390 68 20
www.thomas-kettler-verlag.de
www.kanubuch.de

1. Auflage Mai 2018
Text: Björn Nehrhoff von Holderberg
Lektorat: Thomas Kettler
Titelfoto: *Paddeltraum am Plöner See,* Björn Nehrhoff von Holderberg
Foto Seite 1: *Schwentine zwischen Preetz und Plön,* Björn Nehrhoff
Fotos: Björn Nehrhoff von Holderberg

Weitere Bildnachweise (o. = oben, m. = mitte, u.= unten):
@Thomas Kettler: Seite 7 o., 7 u, 9 o., 17, 20, 21 o., 21 u., 32, 33, 34, 35, 37, 41, 47, 48, 49, 50 o., 50 u., 60, 71 o., 77, 78, 93, 96
@Karl Ulrich Böttcher / Camping an der Schwentine: Seite 39 o.
@Gunnar Reese / Fischerei Reese: Seite 46 u., **@Rüdiger Sartory / Gut Wittmoldt:** Seite 55 u. **@Frank Thamm:** Seite 79
@Campingplatz Brüne: Seite 81 o.

Bildnachweise Wikimedia Commons: Seite 39 u.: Armin von Werner. Seite 42: Holger.Ellgaard. Seite 46 o.: Uwe Barghaan. Seite 58: Lukasz Lukasik. Seite 67: UphoffHe, Seite 68: KarleHorn. Seite 81 u.: Wusel007. Seite 84: humungoulus. Seite 91: Agnete. Seite 94: Verena J., HH.

Karten: Jübermann – Kartographie u. Verlag und Carola Hillmann
Umschlagkarten & Stadtpläne: Heide Schwin, StepMap
Satz & Layout: Nathalie Kern, Carola Hillmann
Illustration: Ann-Sophie Ränger, Carola Hillmann
Idee und Konzept: Carola Hillmann
Lektorat Kanufahrschule: Falk Bruder
Druck: Gutenberg Beuys Feindruckerei

Bibliografische Information der Deutschen Nationalbibliothek
Die Deutsche Nationalbibliothek verzeichnet diese Publikation in der Deutschen Nationalbibliografie; detaillierte bibliografische Daten sind im Internet über *http://dnb.d-nb.de* abrufbar.

ISBN 978-3-934014-67-1

Infos zum Paddeln und zur Holsteinischen Schweiz

Vorwort 4
Kanu & Ausrüstung 6
„Kleine Kajak- & Kanadier-Fahrschule“ 10
Tipps zum Kanuwandern in der Holsteinischen Schweiz 16
Verhalten am und auf dem Wasser 17
Blick auf die Region 18
Wichtiges zu den Touren in der Holsteinischen Schweiz 20

Touren in der Holsteinischen Schweiz

Tour 1 – Auf der Schwentine von Eutin nach Kiel, 53 km, 2-4 Tage
Charakter, Sehenswürdigkeiten, Sonstige Aktivitäten 22
Länge & Dauer, Anreise, zurück z. Pkw, Hindernisse 28
Eutin 32
Nördliches Kellersee-Ufer 36
Südliches Kellersee-Ufer 38
Blick auf Plön 48
Variante Schwentine-Route zur Prinzeninsel 52
Blick auf Kiel 66
Naturpark Holsteinische Schweiz 69
Tour 2 – Rund um den Großen Plöner See, 35 bis 46,5 km, 2 Tage
Charakter, Sehenswürdigkeiten, Sonstige Aktivitäten 70
Länge & Dauer, Anreise, mögliche Ein- & Aussetzstellen 73
Abstecher Vierer See (8 km) 77
Abstecher Bischofssee (3,3 km) 78
Tour 3 – Paddeln am Südufer des Selenter See, 20 km, 1 Tag 90
Tour 4 – Kührener Au (Alte Schwentine), 24,3 km, 1-2 Tage 92
Literatur- & Kartentipps 96

Adressen

Übernachtung in Wassernähe 97
Kanuvermieter, SUP-Vermieter 100
Fahrradvermieter 101
Sehenswürdigkeiten 102
Tourist-Infos, Allgemeines zum Thema Kanu 104

Weiteres

Der Autor, Der Kartograph 105
Register 106
Wichtige Binnenschifffahrtszeichen, Schallsignale Umschlag vorne
Kartensymbole Umschlag hinten

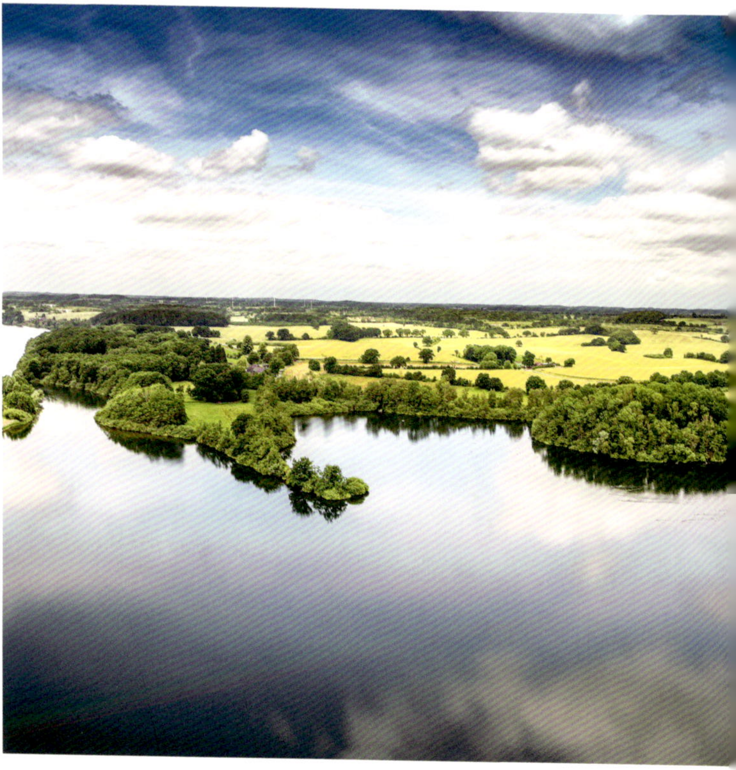

Vorwort

Das östliche Holstein mit dem Naturpark Holsteinische Schweiz ist mit seinen klaren Seen und Fließgewässern, den sanften Hügeln, den lichten Laubwäldern und den verträumten Städtchen eine der abwechslungsreichsten Landschaften des Nordens.

Mit 62 Fluss-Kilometern ist die Schwentine einer der längsten Flüsse Schleswig-Holsteins. Der Heilige Fluss der Slawen, welche einst im Gebiet das Leben bestimmten und ihre Spuren zurückließen, entwässert einen Großteil der Holsteinischen Schweiz und mündet in Kiel in die Kieler Förde. Zusammen mit den umliegenden Seen, die wie Perlen auf einer Kette entlang der Schwentine aufgereiht sind, findet der Paddler hier ohne Übertreibung eines der schönsten Wasserwanderreviere Deutschlands.

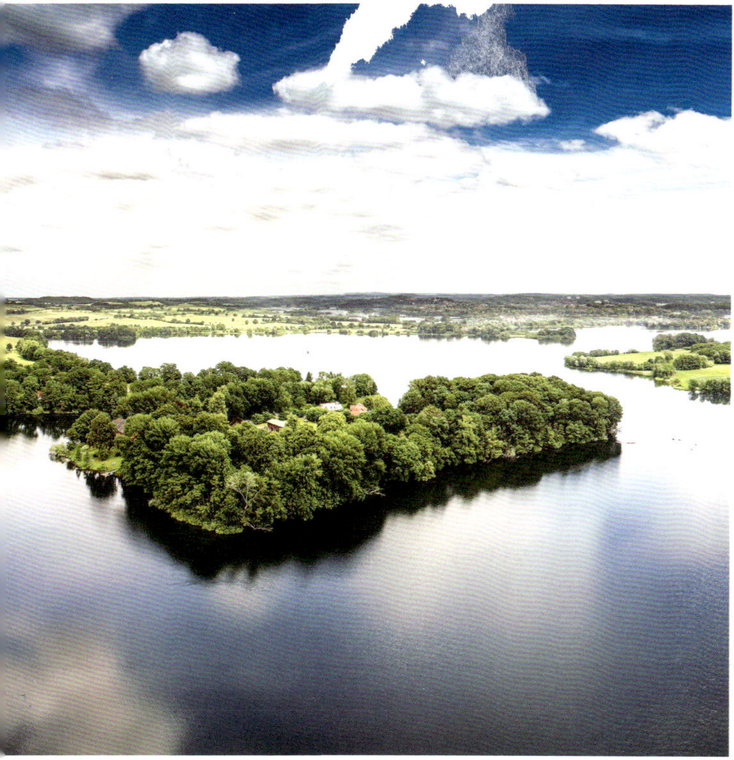

Private Motorboote sind verboten, der Kanute teilt sich die Gewässer nur mit anderen muskelbetriebenen Wasserfahrzeugen, den Seerundfahrten sowie einigen Fischern. Wer im Sommer kommt, erlebt badewarme Seen, frisch sprießendes Grün an den Ufern und eine vor Leben scheinbar überbordende Tierwelt. An Sommerwochenenden mit besonders gutem Wetter und an den üblichen Feiertagen muss mit einigem Kanuverkehr gerechnet werden. In der Nebensaison hat der Paddler das Wasser nicht selten ganz für sich allein. Da die Winter in der Regel nicht sehr ausgeprägt sind, können die Gewässer bis auf wenige Eistage meist ganzjährig bepaddelt werden. Entgegen der Vorurteile über sprachfaule und dickköpfige „Fischköppe" sind die Norddeutschen sehr hilfsbereit und kommunikativ. Die hervorragende Infrastruktur und das kulturelle Angebot der Gegend machen das Gebiet auch für „Nicht-nur-Paddler" und besonders Familien attraktiv.

Ihr Björn Nehrhoff von Holderberg

Kanu & Ausrüstung

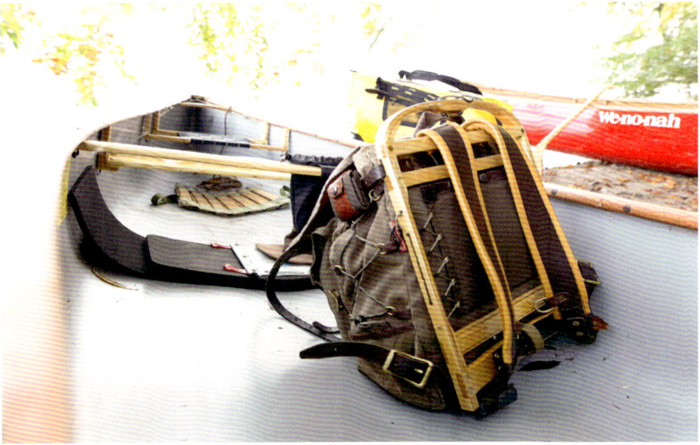

Die Holsteinische Schweiz kann prima mit dem Kajak oder Kanadier erkundet werden

Das Kanu

Kanu ist der Oberbegriff für alle Boote ohne befestigtes Ruder, also sowohl Kanadier als auch Kajaks. Der **Kanadier** eignet sich insbesondere für Wandertouren und bietet mehreren Personen mit Gepäck Platz. Er wird mit dem Stechpaddel bedient und ist offen.

Das **Kajak**, bis auf eine kleine Luke geschlossen, wird mit einem Doppelpaddel gefahren und ist meist wendiger und schneller als ein Kanadier. Wegen seines windschlüpfrigen Verhaltens ist ein Kajak für das Befahren von größeren Seen und Wanderflüssen besonders geeignet. Der Nachteil liegt darin, dass die Zuladung beschränkt, das Ein- und Aussteigen umständlich und die Sitzposition, anders als beim Kanadier, durch die Bauweise vorgegeben ist. Kajaks gibt es generell für ein oder zwei Personen, während im Kanadier auch eine vierköpfige Familie Platz findet.

Der **Kanadier** besticht durch sein großzügiges Raumangebot und das einfache Beladen, Ein- und Aussteigen; Kinder können sich in ihm freier bewegen. Auch für den, der das Kanu durch ein Stechpaddel antreibt, bieten sich im Sitzen mit angewinkelten oder gestreckten Beinen oder kniend variantenreiche Sitzpositionen, die ein ermüdungsfreieres Paddeln ermöglichen. Die größere Kippstabilität wird vom Anfänger als angenehm empfunden. Sein Nachteil liegt eindeutig bei der größeren Windanfälligkeit, dies kann aber durch eine Persenning vermindert werden.

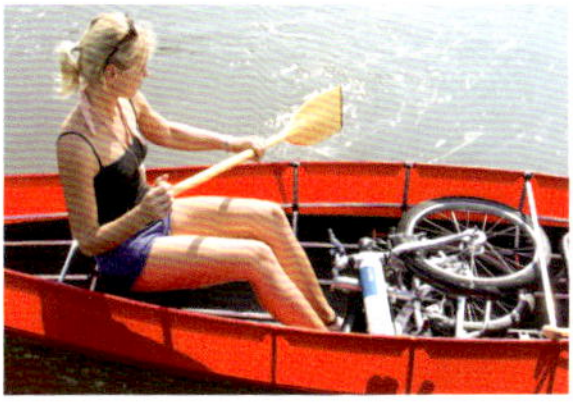

Tipp: Wer mit dem Kanadier unterwegs ist und auch an Land mobil sein möchte (zurück zum Pkw), sollte in Erwägung ziehen, ein Faltrad mitzunehmen. Durch optimierte Falt-Scharniere wird aus dem Fahrrad innerhalb weniger Sekunden ein kleines, handliches Paket.

Zum notwendigen Zubehör gehören:

- **Paddel.** *Doppelpaddel* für das Kajak sollten eine Länge von ca. 220–240 cm haben, während das im Kanadier verwendete Stechpaddel beim Stehen bis unters Kinn reichen sollte. Für Kinder darf es ruhig etwas länger sein. Kunststoffpaddel sind zwar pflegeleichter als Holzpaddel, die aber sind vom Material her sympathischer.
- **Tipp:** Paddel- oder einfache Radhandschuhe schützen empfindliche Hände vor Blasen.

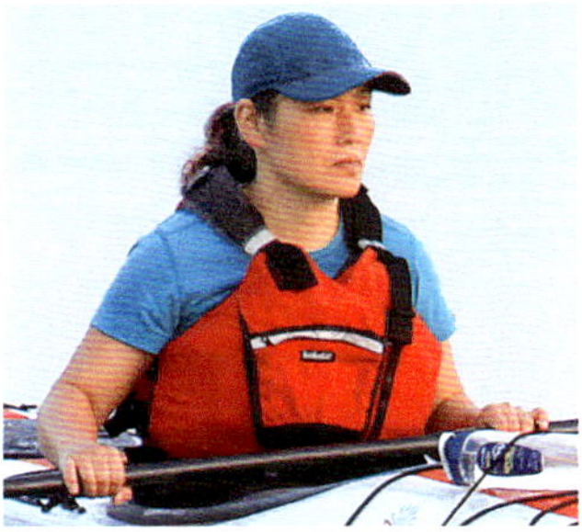

- **Reservepaddel.** Muss in jedem Kanu griffbereit, aber sicher befestigt vorhanden sein. Noch wichtiger ist dies bei Solopaddlern, da sie manövrierunfähig werden, wenn das Paddel über Bord geht.
- **Rettungsweste.** Kein Kind darf ohne ohnmachtssichere Rettungsweste ins Boot. Sie hat einen Kragen, der den Kopf über Wasser hält und so wirklich vor dem Ertrinken schützt.
- **Schwimmweste.** Jeder Erwachsene sollte sie tragen (auch als Vorbildfunktion). Wie die Rettungsweste auch, muss sie dem Körpergewicht des Trägers angepasst sein.

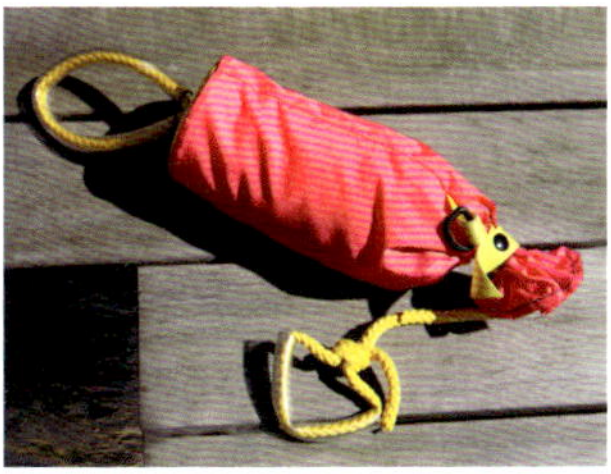

- **Wurfsack.** Zum Retten eines Schwimmers vom Ufer aus. Der Nylonbeutel mit einem Auftriebselement und etwa 20 Meter Seil ist immer dabei, egal ob Wildwasser oder Wanderfahrt.
- **Bootswagen.** Ist für längere Landtransporte unverzichtbar. Wer sich einen zulegt, sollte gleich auf gute Verarbeitung achten. Er muss stabil, das Rohrgestell verschweißt statt genietet und zusammenklappbar sein, breite Räder und eine Stütze haben, so dass er auch von nur einer Person beladen werden kann.

- **Praktisches: *Leinen*** zum Festmachen und Halten des Kanus. ***Spanngurte*** zum Sichern der Säcke und Tonnen. ***Schwamm*** zum Säubern und „Entwässern" des Kanus sowie ein ***Schloss*** (z. B. Spiralfahrradschloss) zum Sichern des Kanus am Ufer bei Besichtigungen / festen Unterkünften.

Zu Anfang ist es sinnvoll, sich ein Kanu zu mieten. Daher nennen wir in diesem Buch Kanuvermieter und Tourenveranstalter.

Idealerweise ist bei der Auswahl eines Veranstalters darauf zu achten, dass er Mitglied im ***Bundesverband Kanu e. V.*** (BVKanu) ist. Die Mitglieder garantieren Qualität und qualifizierte Mitarbeiter, Sicherheit und fachkundige Einweisung sowie einen Einsatz für den Naturschutz im Kanutourismus. Zusätzlich haben viele BVKanu-Mitglieder das Qualitätssiegel QMW Kanu für besonders gute Qualität und Sicherheit.

Kanufahren zeichnet sich zwar durch Individualität aus, aber nicht immer fühlt man sich alleine auf dem Wasser wohl. Die Mitgliedschaft im ***Deutschen Kanu-Verband (DKV)***, auch als nicht vereinsgebundenes Einzelmitglied, bietet über die Teilnahme an gemeinsamen Fahrten, dem Austausch persönlicher Erfahrungen zu Booten und Ausrüstung hinaus auch den Vorteil der preisgünstigen Übernachtung in den ***DKV-Kanustationen***.

Die Ausrüstung

Es gibt kein schlechtes Wetter – nur falsche Kleidung! Für die in diesem Buch beschriebenen Touren benötigt man keine teure High-Tech-Kleidung, aber eine gute ***Regenjacke*** und ***-hose*** muss im Gepäck sein. Ansonsten sollte nach dem „Zwiebelprinzip" verfahren werden – mehrere leichte Kleidungsstücke übereinander ziehen. ***Fleecepullis*** mit hervorragender Isolationseigenschaft, geringem Gewicht und der Tatsache, dass sie im nassen Zustand noch wärmen, aber auch schnell trocknen, sind ideal. Eine ***Hose*** aus einem ***Synthetik-Baumwollgemisch*** trocknet schnell und ist geeigneter als eine Jeans. ***Schuhe*** müssen nicht schön sein, sondern vor allem fest sitzen. Am besten sind Schnür-, Sport- oder spezielle Paddlerschuhe. Für Ausflüge haben wir ***Wanderschuhe*** dabei.

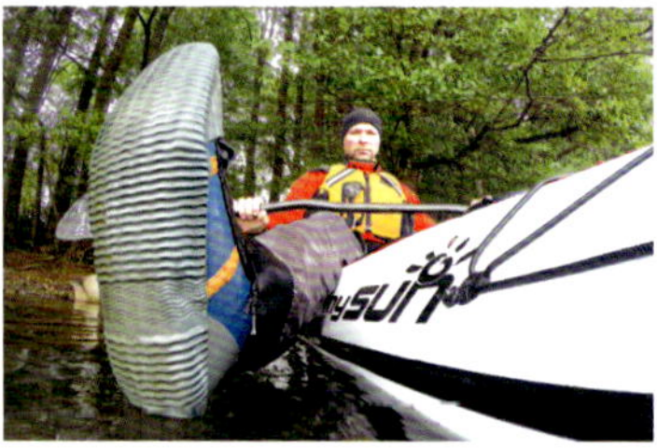

Mit der richtigen Kleidung kann man bei jedem Wetter paddeln gehen

Da die Sonneneinstrahlung auf Wasserflächen sehr intensiv ist, darf ein ***Kopf-Sonnenschutz*** und eine ***Sonnenbrille*** nicht fehlen.

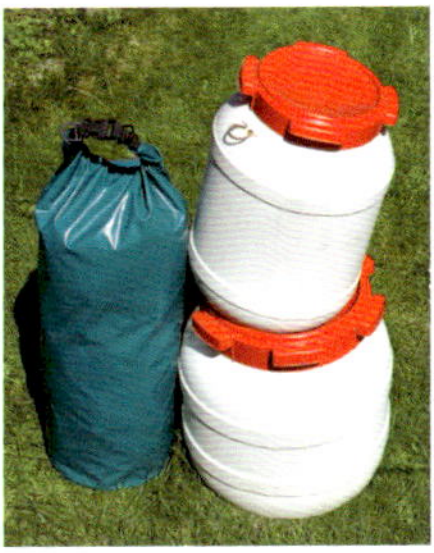

Die hier beschriebene Ausrüstung findet Platz in wasserdichten ***Weithals-Tonnen*** mit Schraubdeckel sowie wasserdichten (optimalerweise transparenten) ***Packsäcken***, die durch einen „Roll-/Steckverschluss“ wasserdicht verschlossen werden. Mehrere kleine sind idealer als wenige große!

Die meisten Kanuvermieter händigen wasserdichte Tonnen vor Antritt der Fahrt aus. Ist man jedoch mit dem eigenen Kanu unterwegs und scheut zu Anfang die für mehrere Säcke/Tonnen recht hohen Anschaffungskosten, tun es zu Beginn auch stabile Plastik- oder Müllsäcke.

Viele der hier beschriebenen Streckenabschnitte lassen sich so planen, dass mit wenig Gepäck von Gasthof zu Gasthof gepaddelt werden kann, um am Abend warm und trocken beim Abendessen im Schankraum zu sitzen. Ein ***Zelt***, ein ***Schlafsack*** und eine ***Isomatte*** sollten jedoch immer dabei sein. Denn wer weiß schon, ob er sein Tagesziel auch erreicht oder ein Gewitter die Planung über den Haufen wirft.

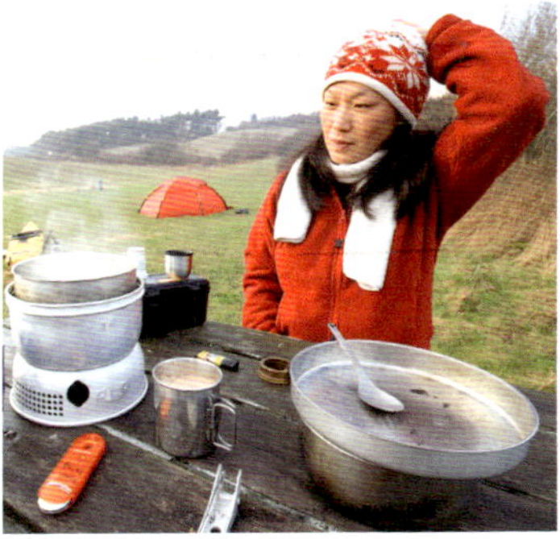

Will man nicht auf seinen morgendlichen Kaffee oder die Spaghetti am Abend verzichten, muss ein ***Campingkocher*** mit auf Tour.

Als ***Küchenausstattung*** empfiehlt sich ein ***Kochset***, bestehend aus drei verschieden großen, ineinander gestellten Kochtöpfen (2 L, 1,5 L, 1 L) und zwei verschieden großen Deckeln, die gleichzeitig als Pfannen dienen. Eine ***Espressokanne*** ist für den morgendlichen Kaffee ideal. Weiterhin tiefe und flache ***Teller***, ***Besteck***, ***Wassersack***, ***Thermoskanne***, ***Thermobecher***, kleines ***Schälmesser***, ***Schneidebrett***, ***Alufolie***, ***Geschirrtuch***, ***Spülmittel*** und eine ***Faltschüssel***.

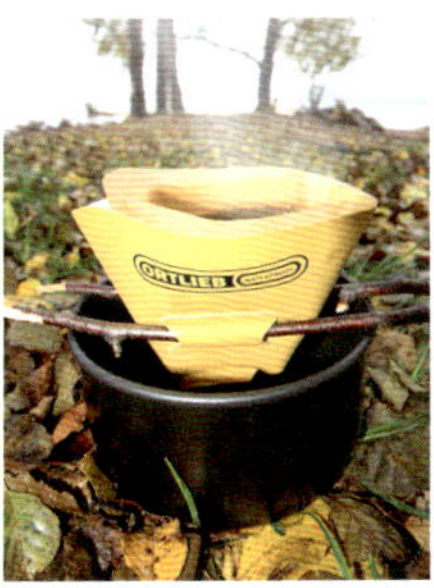

Wer möchte, kann die Campingküche aber auch getrost zu Hause lassen, denn entlang der Strecke finden sich meist Einkehrmöglichkeiten.

Weitere nützliche Ausrüstungsgegenstände: Erste-Hilfe-Set, Klappspaten, Toilettenpapier, Insektenschutz, wasserdichte Kartentasche, Taschenmesser, Taschenlampe, Fernglas, Schreibutensilien.

„Kleine Kajak- & Kanadier-Fahrschule“

Schlagrichtung des Paddlers 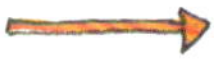 Bewegungsrichtung des Kanus 

Die beschriebenen Paddelschläge können und sollen miteinander kombiniert werden. Zur korrekten Ausführung wird das Paddel im Prinzip nicht durch das Wasser „gezogen“, sondern soll annähernd stationär bleiben und das Kanu über das Wasser bewegt werden. Hierbei wird eine optimale Kraftausbeute angestrebt. Bei einem sehr gut ausgeführten Paddelschlag gibt es keine Verwirbelungen und kaum Wellen am Paddelblatt.

Kajak-Fahrschule

Allgemeines

In der Regel sind die beiden Blätter eines Doppelpaddels gegeneinander verdreht. Bei den üblichen rechtsgedrehten Paddeln umfasst die rechte Hand den Schaft so, dass das rechte Paddelblatt senkrecht ins Wasser eingetaucht werden kann. Die linke Hand umfasst den Paddelschaft nur locker und nach jedem Paddelschlag wird das Paddel mit der rechten Hand so gedreht, dass das aktive Blatt senkrecht ins Wasser gesetzt werden kann (bei linksgedrehten Paddeln gelten die Hinweise entsprechend seitenvertauscht). Stellen Sie die Fußstützen des Kajaks so ein, dass Sie bequem sitzen und gleichzeitig einen guten Bootskontakt mit den Oberschenkeln haben. Bei Kajaks mit Fußsteuerung den Abstand der Pedale so wählen, dass Sie mit leicht angewickelten Beinen im Boot sitzen und genügend Spielraum nach vorne haben, um das Pedal durchzutreten und das Steuer bewegen zu können.

Einsteigen

Kanu parallel zum Ufer ausrichten, bei starker Strömung mit dem Bug (=Bootsspitze) gegen die Strömungsrichtung. Zum Einsteigen das Boot mit der sogenannten „Paddelbrücke“ stabilisieren: Paddel im rechten Winkel zum Boot über Süllrand (=Bootsrand) und Ufer oder Steg legen; mit einer Hand Süllrand und Paddel fassen und mit der anderen Hand das Paddel aufs Ufer drücken. Zum Einsteigen das Gewicht über das Paddel verlagern und mit dem bootsseitigen Fuß zuerst einsteigen. Anschließend möglichst rasch hinsetzen, d. h. im Kajak gleich auf den Sitz rutschen, um einen tiefen Schwerpunkt zu erzielen und die Stabilität des Kanus zu erhöhen.

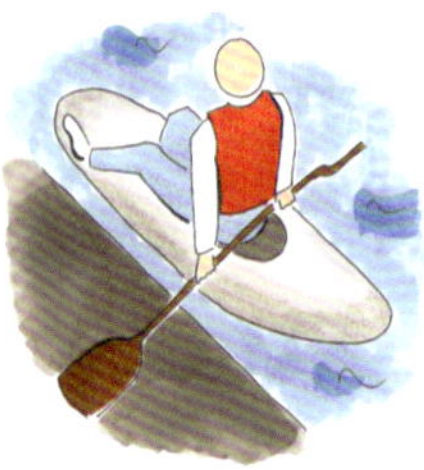

Spritzdecke

Spritzdecke zunächst hinter dem Körper um den Süllrand legen und von hinten nach vorne schließen; abschließend nach vorne über den Süllrand ziehen. Dabei unbedingt darauf achten, dass die Lasche vorne herausguckt, um die Spritzdecke im Falle einer Kenterung leichter öffnen zu können.

Paddelhaltung

Das Paddel in beide Hände nehmen und auf den Kopf legen. Die optimale Griffbreite ist erreicht, wenn der Winkel zwischen Ober- und Unterarm ein wenig kleiner als 90 Grad ist.

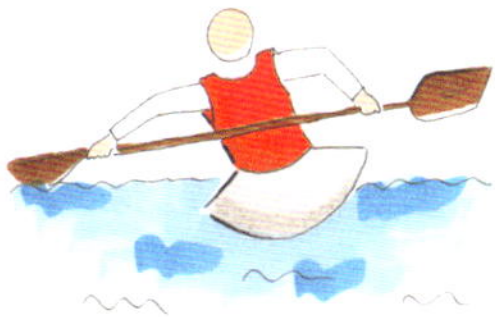

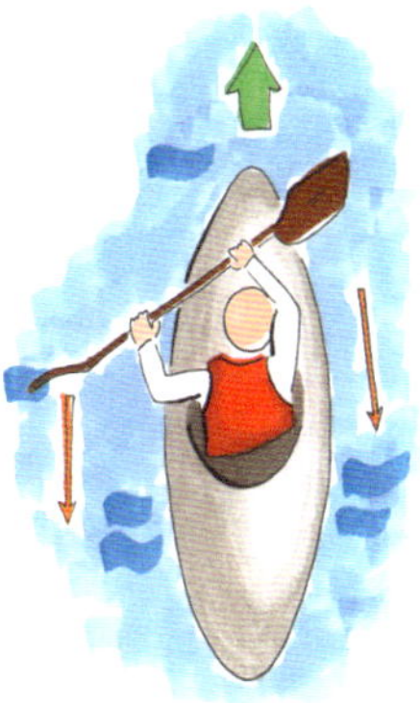

Grund- und Treibschlag

Mit leicht nach vorne gebeugtem Oberkörper Paddel vorne, dicht neben der Bootswand einsetzen. Die „Zughand" zieht das Paddel parallel am Boot entlang nach hinten, während die „Druckhand" das sich in der Luft befindliche Blatt nach vorne drückt. Die Bewegung nicht allein mit den Unterarmen ausführen, sondern zur Unterstützung bei gestrecktem Arm den Oberkörper mitdrehen. Ist das aktive Paddelblatt knapp hinter der Sitzposition, den Zug stoppen und die Seite wechseln.

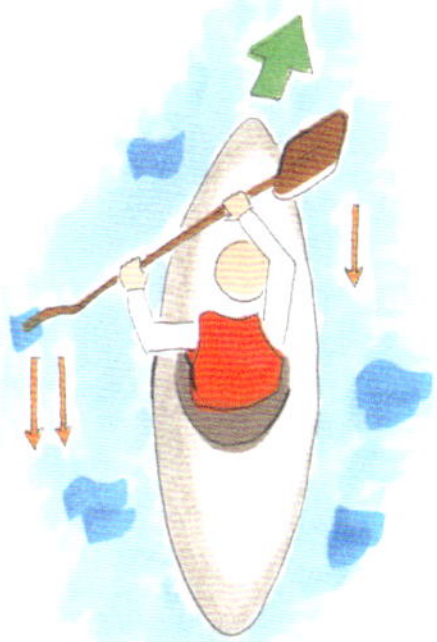

Steuern

Wird der Paddelschlag auf der linken Seite stärker ausgeführt, dreht der Bug nach rechts – und umgekehrt. So können Sie das Boot – ganz ohne die ebenfalls erhältlichen Fußsteueranlagen – auf Kurs halten. Sind starke Kursänderungen erforderlich, erreichen Sie diese mit dem Bogenschlag. Beim Ab- und Anlegen mit Kajaks die über eine Steueranlage verfügen unbedingt daran denken, das Steuer rechtzeitig einzuklappen, um es nicht zu verbiegen.

Ziehschlag

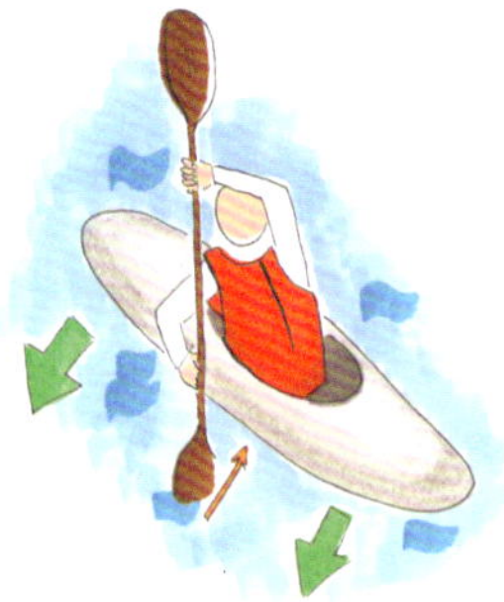

Steuerschlag, um das Boot seitlich zu versetzen; dazu das Paddelblatt möglichst weit entfernt senkrecht zur Längsachse und parallel zum Boot ins Wasser tauchen und nicht zu dicht, an die Bootswand heranziehen und nach oben aus dem Wasser nehmen. Dabei darauf achten, dass das Paddelblatt nicht unter den Bootskörper gezogen wird, da dies zum Kentern führen kann.

Bogenschlag

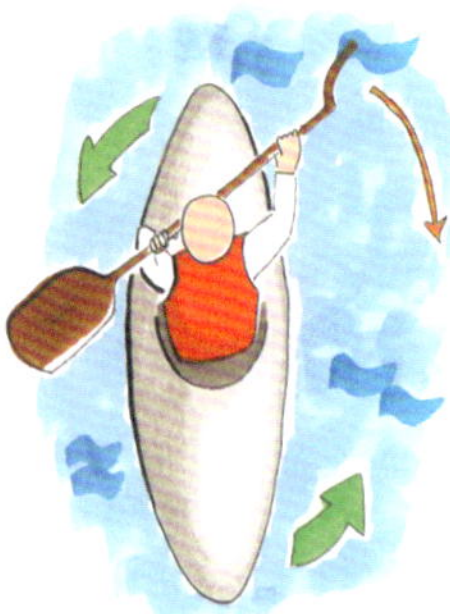

vorwärts

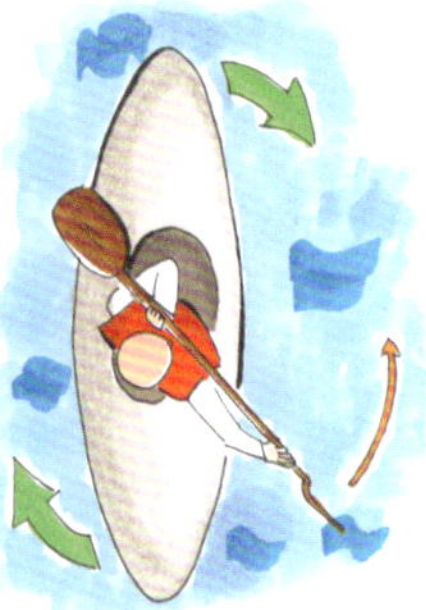

rückwärts

Steuerschlag, um das Boot zu drehen: vorwärts ausgeführt, dreht er das Boot weg von der Schlagseite. Dazu das Paddel möglichst weit vorne und dicht am Boot eintauchen und das Paddelblatt flach unter der Wasseroberfläche in einem weiten Halbkreis um das Boot bis nahe ans Heck führen. Je größer der Radius, desto stärker die Steuerwirkung. Um das Kanu abzubremsen und gleichzeitig eine Kurskorrektur zur Paddelseite hin durchzuführen, können Sie den Bogenschlag rückwärts ausführen.

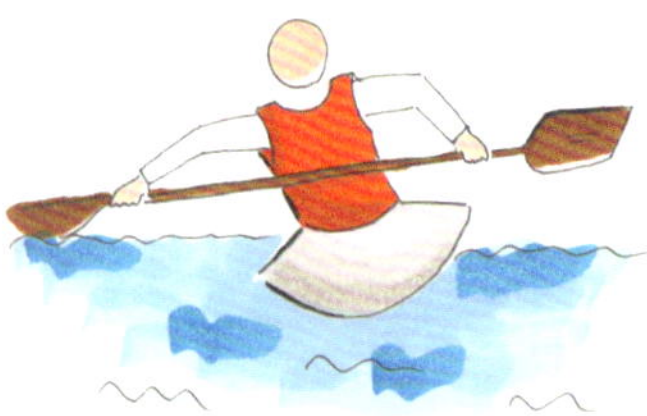

Paddelstütze

Stabilisierungsschlag, bei dem das Paddel als Ausleger genutzt wird, um das Kentern zu verhindern; dazu einfach das Paddel auf der Seite, zu der das Boot zu kippen droht, soweit wie möglich nach außen flach auf das Wasser drücken.

Allgemeines

Auf dem hinteren Sitz nimmt in der Regel der erfahrenere oder kräftigere Paddler Platz. Er gibt im Flachwasser die grobe Richtung vor, der Vordermann versucht ihn zu unterstützen. Der Vordermann gibt die Schlagzahl vor; achten Sie darauf, einen möglichst gleichmäßigen Schlagrhythmus einzuhalten, um ein „Aus-dem-Ruder-laufen" zu vermeiden. Je nach Ausdauer kann ein gelegentlicher Wechsel der Paddelseiten stattfinden, der von beiden nach Absprache gleichzeitig durchgeführt wird. Der Vordermann hat stets die Aufgabe auf Hindernisse, die direkt vor dem Kanadier auftauchen, aufmerksam zu machen.

Einsteigen

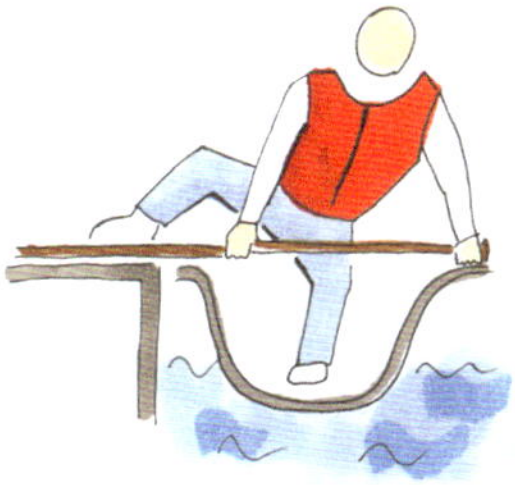

Kanu parallel zum Ufer ausrichten, bei starker Strömung mit dem Bug (=Bootsspitze) gegen die Strömungsrichtung. Zum Einsteigen das Boot mit der sogenannten „Paddelbrücke" stabilisieren: Paddel im rechten Winkel zum Boot über Süllrand (=Bootsrand) und Ufer oder Steg legen; mit einer Hand Süllrand und Paddel fassen und mit der anderen Hand das Paddel aufs Ufer drücken. Zum Einsteigen das Gewicht über das Paddel verlagern und mit dem bootsseitigen Fuß zuerst einsteigen. Anschließend möglichst rasch hinsetzen oder beim Kanadier auch möglich, eventuell hinknien, um einen tiefen Schwerpunkt zu erzielen und die Stabilität des Kanus zu erhöhen.

Aussteigen

Wie Einsteigen, nur in umgekehrter Reihenfolge.

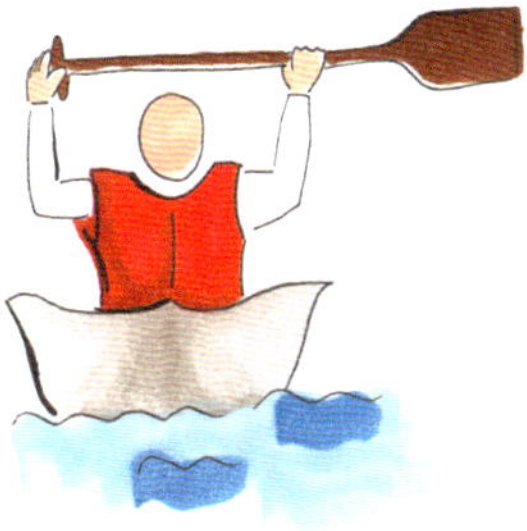

Paddelhaltung

Eine Hand fasst den Paddelknauf, hierbei wird der Griff von oben wie beim Spaten umfasst. Die andere Hand umgreift den Paddelschaft, so dass Ober- und Unterarm einen Winkel von 90 Grad bilden.

Grund- und Treibschlag

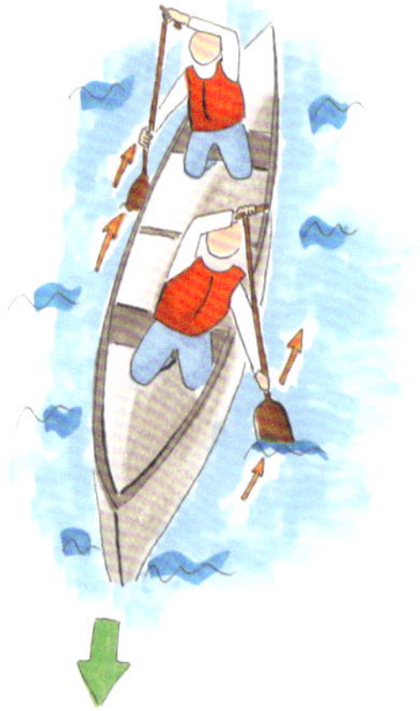

Das ganze Paddelblatt wird senkrecht ins Wasser getaucht und parallel zum Boot (in Bootslängsachse) bis etwa auf Körperhöhe durchs Wasser gezogen. Dabei wird mit dem unteren Arm gezogen, während der obere Arm drückt; gleichzeitig wird der Oberkörper etwas nach vorne geneigt und mitgedreht. Stimmen Vorder- und Hintermann ihren Grundschlag aufeinander ab, bewegt sich der Kanadier kursstabil geradeaus. Paddelt nur einer, bewegt sich das Kanu der paddelabgewandten Seite zu.

Steuern oder J-Schlag (nur Hintermann)

Dabei wird das Paddel zuerst wie beim Grundschlag geführt, am Körper vorbei in einer Bogenbewegung mit der wasserverdrängenden Paddelseite vom Boot weggedrückt. Dabei zeigt der Daumen der Hand am Paddelknauf nach unten und der Handrücken nach außen. Der Vordermann kann weiterhin den Grundschlag ausführen oder die Drehbewegung mit einem Bogenschlag verstärken. Der J-Schlag ist besonders vorteilhaft für Solokanadier, da er das „Aus-dem-Ruder-laufen" bei der normalen Geradeausfahrt verhindert.

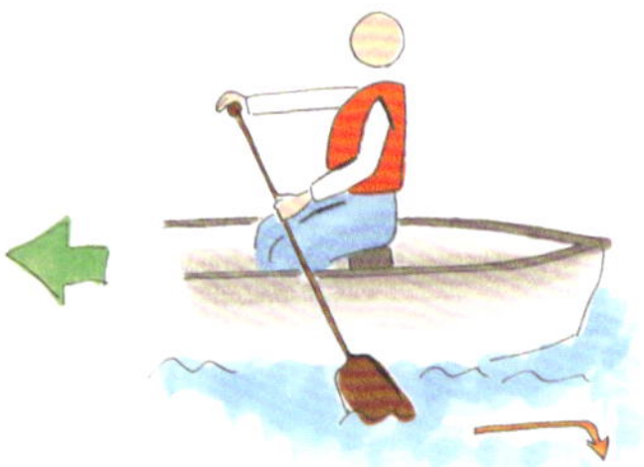

Ziehschlag

Steuerschlag, um das Boot seitlich zu versetzen; dazu das Paddelblatt möglichst weit entfernt senkrecht zur Längsachse und parallel zum Boot ins Wasser tauchen und, nicht zu dicht, an die Bootswand heranziehen und nach oben aus dem Wasser nehmen. Dabei darauf achten, dass das Paddelblatt nicht unter den Bootskörper gezogen wird, da dies zum Kentern führen kann.

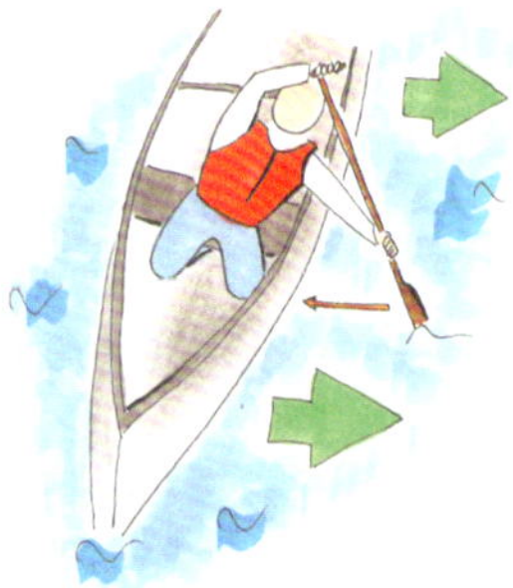

Bogenschlag

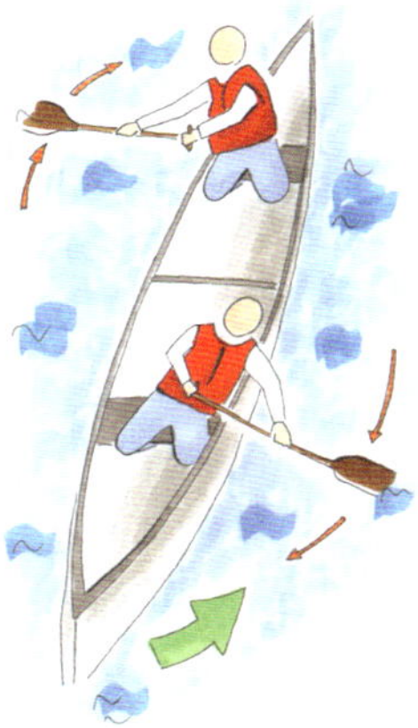

Steuerschlag, um das Boot zu drehen. Um einen Zweierkanadier auf der Stelle zu drehen, führt der Vordermann den Bogenschlag vorwärts und der Hintermann den Bogenschlag rückwärts aus (oder umgekehrt, aber immer gegenläufig). Vorne vorwärts: das Paddel möglichst weit vorne und dicht am Boot eintauchen und das Paddelblatt flach unter der Wasseroberfläche in einem Viertelskreis bis auf Körperhöhe führen. Hinten rückwärts: Beginn nahe am Heck des Bootes und das Paddelblatt von hinten nach vorne im Viertelskreis bis auf Körperhöhe führen. Dies dreht das Boot weg von der Paddelseite des Vordermanns. Zum Drehen zur anderen Seite werden die Schläge genau gegenläufig durchgeführt: vorne rückwärts, hinten vorwärts. Jeweils gilt, je größer der Radius, desto stärker die Steuerwirkung.

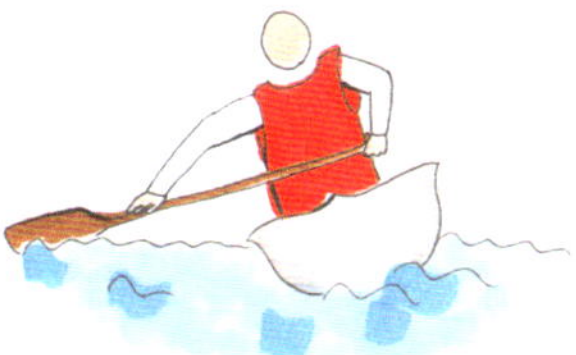

Paddelstütze

Stabilisierungsschlag, bei dem das Paddel als Ausleger genutzt wird, um das Kentern zu verhindern; dazu einfach das Paddel auf der Seite, zu der das Boot zu kippen droht, soweit wie möglich nach außen flach auf das Wasser drücken.

Weiterführende Literatur:

Kanu-Handbuch, *Praxis-Ratgeber,* Verlag Reise Know-How.

Outdoor Basixx „Kanuwandern" & „Solo im Kanu", Conrad Stein Verlag.

Stechpaddel Fahrschule, Thomas Kettler Verlag.

Infos zum für Sie nächstgelegenen Kanukurs bekommen Sie bei:

Bundesverband Kanu e.V., c/o BVWW, Gunther-Plüschow-Str. 8, 50829 Köln, Tel. +49 (0)221 59 57 10, www.bvkanu.de

Deutscher Kanu-Verband e.V., Bertaallee 8, 47055 Duisburg, Tel. +49 (0)203 99 75 90, www.kanu.de

Tipps zum Kanuwandern in der Holsteinischen Schweiz

Das Wasserwandern auf der ***Schwentine und ihren Seen*** kann zwar in der Schwierigkeit variieren, ist aber im Großen und Ganzen als ungefährlich zu bezeichnen. Die Fließstrecken sind wegen der geringen Strömung auch von Anfängern zu bewältigen, ebenso die Befahrung der kleineren und gut geschützten Seen. Die größeren Seen hingegen bergen immer das Risiko, sich beim eigenen Können zu überschätzen.

Die Gefahr besteht nicht nur bei ***schnellen Wetteränderungen***, sondern auch immer dann, wenn man an windigen Tagen auf der windgeschützten Seite eines Sees lospaddelt und die Bedingungen hier eigentlich für das ungeübte Auge harmlos erscheinen. Einmal den Schutz der Bäume verlassen, wird der Paddler allerdings bald voll vom Wind erfasst. Aufkommende Wellen türmen sich rasch auf. Der Wohlfühlfaktor im Boot sinkt dann mitunter schnell auf den Nullpunkt, besonders wenn das rettende Ufer weit und das Wasser kalt ist. Eine überforderte Kanubesatzung könnte jetzt kentern. Daher wird im Tourenteil noch einmal besonders auf Stellen hingewiesen, wo besondere Aufmerksamkeit notwendig ist, was den Paddler aber nicht davon befreit auch an anderen Stellen immer selbstkritisch die Lage einzuschätzen.

Mit ein paar einfachen Verhaltens-Regeln sind Sie noch sicherer im Kanu unterwegs:

- ***Allein*** sollte nur paddeln, wer sein Kanu gut beherrscht.
- Das Tragen eine ***Schwimmweste*** sollte selbstverständlich sein.
- Kinder müssen immer eine ***ohnmachtssichere Rettungsweste*** tragen.
- Um vor unliebsamen Überraschungen sicher zu sein, sind vor der Fahrt ***aktuelle Informationen über den Streckenverlauf*** unerlässlich.
- Vor der Fahrt und am besten auch während längerer Fahrten sollte man sich einen ***Wetterbericht*** für die gewählte Periode genau anschauen, bzw. auf einer Handy-App im Blick behalten.
- Trotz aller Vorhersagen sollte man sich aber immer ein eigenes Bild vom Wetter vor Ort machen und den Himmel aufmerksam beobachten.
- Das ***Gepäck*** gehört nach Möglichkeit in den ***Bootsinnenraum***. Alles was an Deck mitgenommen wird sollte gut ***festgezurrt*** werden, um es bei Kenterung gegen Verlust zu sichern.
- Grundsätzlich gilt, dass die ***Berufsschifffahrt*** immer Vorfahrt hat.
- ***Nicht alkoholisiert*** ins Kanu steigen.
- Keinesfalls vergessen sollte man im Sommer einen ***Mückenschutz*** auf dieser Tour.
- Ein ***aufgefrischter Erste-Hilfe-Kurs*** sollte selbstverständlich sein, um nicht nur anderen, sondern auch sich selbst helfen zu können.

Verhalten am und auf dem Wasser

Mit den nachfolgenden Verhaltens- und Umwelt-Tipps macht das Paddeln allen Beteiligten mehr Freude und die herrliche Natur entlang der Gewässer bleibt auch nachfolgenden Paddlergenerationen erhalten:

- Starten und beenden Sie eine Kanutour an den ***ausgewiesenen Ein- und Ausstiegsstellen***. Wollen Sie ein eigenes Kanu auf dem Gelände eines Bootsvermieters oder Campingplatzes zu Wasser lassen, so gehört es zum guten Ton, vorher um Erlaubnis zu fragen.
- Nutzen Sie zum ***Anlegen und Rasten*** keine Stege oder Grundstücke die offensichtlich in Privatbesitz sind. Es gibt durchaus auch einige Rastplätze an der Schwentine, die sich frei zugänglich in der Landschaft befinden. Bitte wählen sie diese und ***lassen keinen Müll zurück.*** Unnötige Beschädigungen an der Vegetation der Ufer sind natürlich zu vermeiden.
- Auf der Strecke gibt es zahlreiche ***Naturschutzgebiete***. Bitte halten Sie sich an die Beschränkungen, damit auch nachfolgende Paddler weiter hier paddeln dürfen.
- ***Meiden Sie Schilfgürtel*** – sie sind wichtige Lebensräume für Wasservögel.
- ***Beobachten Sie Tiere nur aus der Ferne***. Für Naturbeobachtungen empfiehlt sich daher die Mitnahme eines Fernglases.
- Aufgrund der guten Übernachtungs-Infrastruktur in Form von Campingplätzen, Jugendherbergen und Übernachtungsmöglichkeiten bei den Paddelvereinen ist ***„Wildzelten" eigentlich nicht notwendig***.
- Es gibt ***keine freigegebenen Feuerstellen*** für Lagerfeuer an der Strecke.

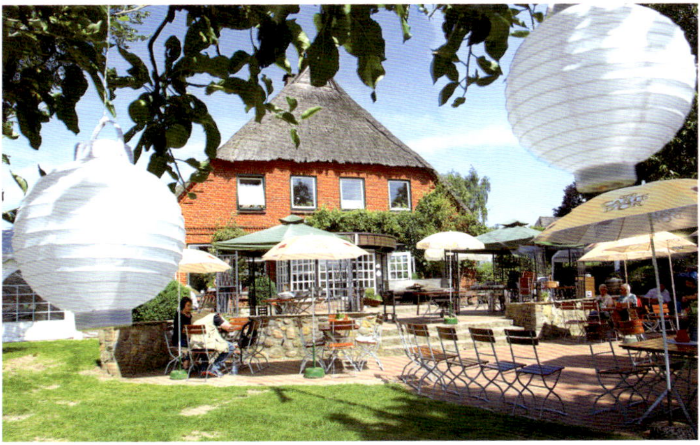

Auch Gasthöfe und Hotels in Wassernähe gibt es entlang der Strecke

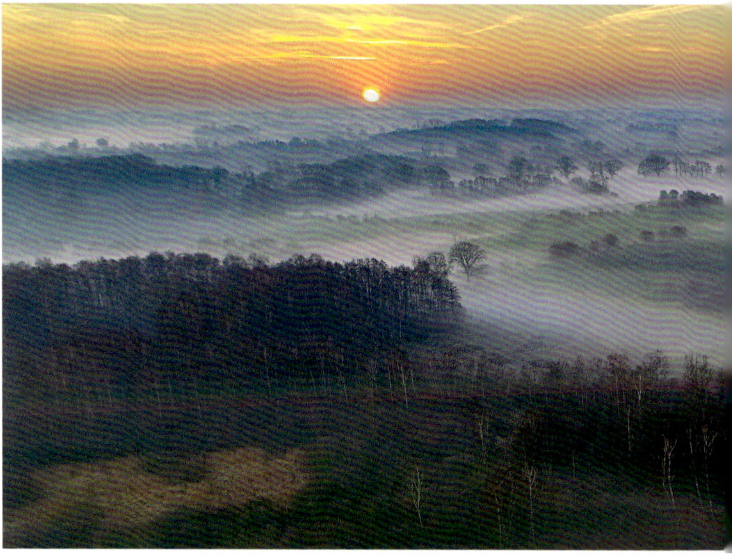

Blick auf die Region

Erste Siedlungspuren in der Holsteinischen Schweiz stammen aus der Steinzeit. Hügelgräber und Steinsetzungen, die sich an verschiedenen Plätzen der Region finden, zeugen von dieser Periode. Später wurde das Gebiet zunächst von den Slawen besiedelt, die Siedlungen wie Plune (Plön) oder Utin (Eutin) auf Inseln im Wasser gründeten. In der Folge wurde das landwirtschaftlich wertvolle Gebiet immer begehrter und zwischen Dänemark und Preußen umkämpft.

Die von Gletschern der Eiszeit aufgeschobene Hügellandschaft findet ihren Gipfel im 169 m hohen Bungsberg, der höchsten Erhebung Schleswig-Holsteins. Neben den hübschen Orten im Gebiet, die nicht selten mit Schlössern und schönen Altstädten aufwarten können, findet man in der offenen Landschaft zahlreiche Gutshöfe, die häufig perfekt erhaltene Herrenhäuser und historische Fachwerkscheunen herzeigen.

Viele von ihnen sind in dem überregional so bedeutsamen Schleswig-Holstein Musik Festival zu betreten. Zusammen mit einem ausgedehnten Netz von Rad- und Wanderwegen und den mehr als 150 kleinen und großen Seen entwickelte sich die Holsteinische Schweiz zu einer beliebten Tourismus-Region.

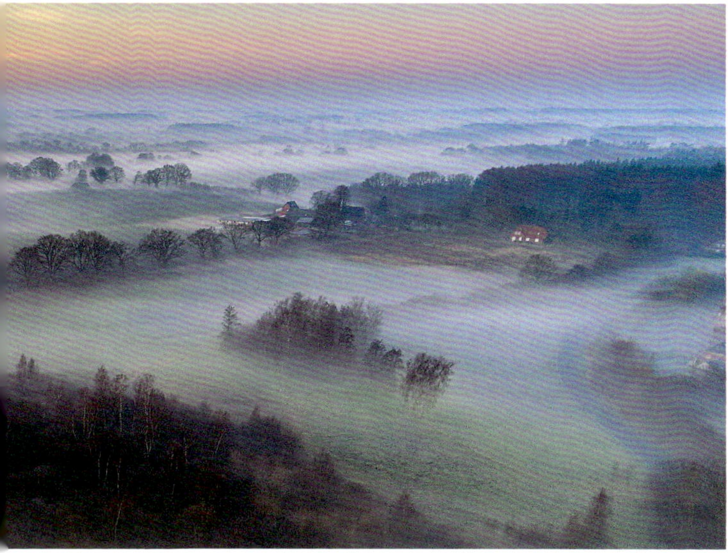

‚Tom Kyle', wie die Landeshauptstadt Kiel zunächst genannt wurde, entstand an der Kieler Förde. Sie wurde in Verbindung mit der Entstehung eines Franziskanerklosters zwischen 1233 und 1242 planmäßig erbaut und bekam schon kurz nach der Gründung das Lübsche Stadtrecht verliehen. Jedoch erst Ende des 19. Jahrhunderts gewann Kiel, mit der Stationierung der preußischen Kriegsflotte und der Ansiedlung mehrerer Werften, schlagartig an Bedeutung. Ein weiterer Meilenstein war der 1895 fertiggestellte Nordostseekanal, der direkt in der Kieler Förde endet und die Ostsee mit der Nordsee verbindet.

Wegen der zahlreichen Marine Einrichtungen wurde Kiel im Zweiten Weltkrieg stark zerstört. Zweimal fanden vor den Toren der Stadt die Olympischen Segelwettbewerbe statt, 1936 und 1972. Heute wird der Hafen gerne von Kreuzfahrtschiffen angefahren, die neben den gewaltigen Skandinavienfähren das Hafenbild mitprägen.

Höhepunkt eines jeden Jahres ist fraglos die Kieler Woche, eines der größten Treffen von Segelsportlern weltweit. Neben den zahlreichen Regatten, den unzähligen Großseglern und der berühmten Windjammerparade, zu der sich gern seefeste Paddler gesellen, findet in diesen sieben Tagen im Juni rund um den Hafen ein riesiges Volksfest statt, mit Veranstaltungen, Live-Konzerten und Wettbewerben.

Schwentine von Eutin nach Kiel

Die ***gemütliche Tour*** auf den rund 53 Kilometern ist eine ideale Familientour und auch mit dem offenen Kanadier machbar, vorausgesetzt, man plant etwas Zeit zum Aussitzen etwaiger Schlechtwetterperioden, bzw. windiger Tage mit ein. Die großen Seen sollten im Kanadier nur bei optimalen Wetterbedingungen und möglichst in Ufernähe befahren werden. Selbst im Kajak ist man bei Schlechtwetter nicht gefeit vor brenzligen Situationen – hier macht es am Ende die Erfahrung des Paddlers, d.h. die „Seegängigkeit" der Symbiose aus Mensch und Boot aus, nicht die Ausrüstung. Ungeübte sollten aus Sicherheitsgründen ab zwei bis drei Windstärken (3 Bft) nicht mehr paddeln.

Die ***Etappenvorschläge*** im Infoteil sind in der Regel zwischen zehn und fünfzehn Kilometer lang. Das bedeutet, man hat neben dem Paddeln reichlich Zeit für Badepausen, Ausflüge, Stadtrundgänge und Besichtigungen. Fitte Paddler können die Schwentine zur Gänze aber auch leicht in zwei Tagen befahren, haben dann aber weniger Zeit für die schöne Umgebung übrig. Achten Sie insbesondere beim Paddeln mit Kindern auf ***ausreichend Ruhe- und Pausentage***.

Öffnungszeiten haben wir so dargestellt: (Di-So 10-17), was heißen soll, dass Dienstag bis Sonntag von 10.00 Uhr bis 17.00 Uhr geöffnet ist.

Ein ***Spiral- oder Bügelschloss*** im Gepäck ist nicht verkehrt, wenn man sein Kanu für einen Landgang mal längere Zeit unbeaufsichtigt lassen will.

Rund um den Großen Plöner See

Nicht umsonst trägt das Gewässer das Wort „Groß" im Namen. Besonders Paddler im Kanadier sollten sich nur bei optimalen Wetterbedingungen auf den See wagen. Auch für Kajaks gilt das Gleiche wie auf der Schwentinetour: „Die Erfahrung macht die Musik". Im Bereich der Seglerhäfen und des Marinestützpunktes am Nordostende des Sees kann es an Spundwänden zu kabbeligen Reflektionswellen kommen.

Für die Seeumrundung werden zwei Tagesetappen empfohlen, wegen der zahlreichen Übernachtungsplätze, den möglichen Abstechern in die Nachbarseen und den hübschen Rast- / Badestellen kann diese auch länger ausfallen.

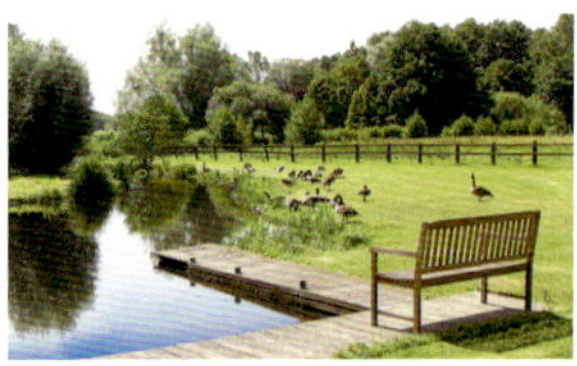

Übernachtung

Die im Buch genannten ***Übernachtungsplätze*** liegen immer direkt oder sehr nahe am Wasser. Wer in der Saison den Rummel auf geschäftigen Campingplätzen oder Jugendherbergen meiden will, findet auf den Grundstücken der Paddel-Vereine tolle Alternativen, die planungstechnisch nahezu ideale Abstände für Tagesetappen aufweisen. Leider gibt es frei in der Natur „noch" keine Wasserwanderrastplätze oder Biwakplätze, die auch zum Übernachten dienen könnten, wie sie in vielen anderen Kanurevieren Standard sind. Zurzeit befindet sich die Region in einer „Findungsphase" in der aller Wahrscheinlichkeit nach ein neues Konzept für die Schwentine als Wasserwanderweg entstehen wird, eventuell inklusive neuer Rast- und Übernachtungsplätze.

Kilometrierung

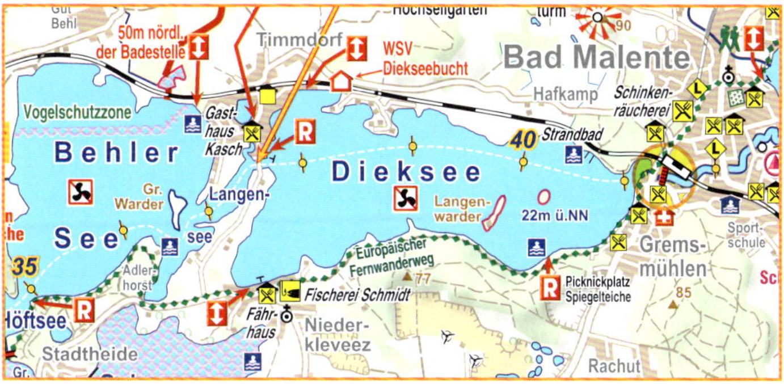

Um die Planung der Tour zu erleichtern, finden Sie in der Randspalte und auf den Wasserwanderkarten die ***Kilometerangaben*** in ***blau***. Sie können die ***Entfernungen*** auch leicht in der Karte ablesen: Die Strecke von einem gelben Punkt zum nächsten entspricht exakt einem Kilometer. Alle fünf Kilometer sind die Kilometerzahlen ausgeschrieben.

Die ***erste*** (*Auf der Schwentine von Eutin bis Kiel*) und die ***zweite Tour*** (*Rund um den Großen Plöner See*) haben in der Randspalte zwei Kilometerangaben – die gepaddelten Kilometer in ***schwarz***, ausgehend von ***km 0*** beim Tourenstart des Autoren. Bei ***Tour 1*** Alte Schäferei am Ostende des Eutiner Sees, bei ***Tour 2*** an der Schwentinemündung in den Großen Plöner See.

Daneben stehen in ***blau*** die offiziellen Kilometerangaben, die Sie auch auf den Wasserwanderkarten wiederfinden, beginnend bei ***Tour 1*** mit Schwentine-***km 53,3***, bei ***Tour 2*** mit Plöner-See-Kilometrierung ***km 0***.

Tour 1 – Auf der Schwentine von Eutin bis Kiel

Aktivitäten	Natur	Kultur	Baden	Hindernisse
★★★	★★★★	★★★	★★★★	★★

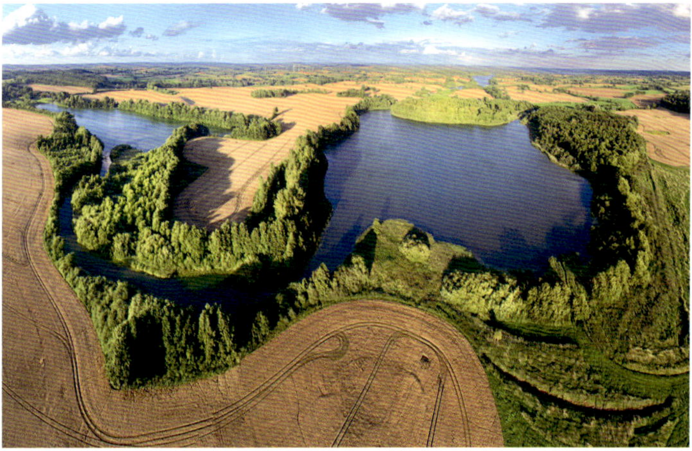

Charakter der Tour

Die Schwentine entspringt am Bungsberg in fast 120 Metern Meereshöhe und mündet nach 62 Kilometern in Kiel in die Ostsee. Für Kanus und Kajaks ist das Flüsschen allerdings erst ab dem Ostende des Großen Eutiner Sees befahrbar. Wer hier startet und auf relativ direktem Wege paddelt, legt durch 16 natürliche Seen und einen Stausee rund 53 Kilometer zurück. Dabei durchstreift man eine abwechslungsreiche Landschaft. Nicht selten sind die Ufer der großen und kleinen Seen der Holsteinischen Schweiz von dichtem Schilf gesäumt, hinter denen sich dichter Wald ausbreitet. Die größeren Seen – insbesondere der Große Plöner See und der Kellersee sind hier zu nennen – sind dem Wind ausgesetzt und bedürfen bei schlechtem Wetter einer sorgfältigen Abwägung der Bootsbesatzung, ob die Paddelerfahrung und die Ausrüstung für die zu erwartenden Bedingungen ausreicht.

Die Strömungsabschnitte der Schwentine sind dagegen ohne Schwierigkeiten befahrbar und führen durch einsame Wiesen- und Feldlandschaften mit den für Schleswig-Holstein so typischen Knicks. Häufig strecken knorrige Erlen, Eschen und alte Eichen ihre Arme in den Flusslauf. Eine besonders reiche Wasservogelwelt wartet hier auf den Paddler. Wer Glück hat, erblickt Seeadler oder hört das selten gewordene dumpfe Tuten der Rohrdommel. Der heilige Fluss der Slawen einst „Sventana“ genannt, bietet aber auch kulturell interessierten Paddlern einiges in Form der Schlösser von Eutin und Plön, zahlreicher Museen, Aussichtstürme und Windmühlen, die sich zu besichtigen lohnen. Wegen der geringen Strömung kann die Schwentine auf ganzer Länge auch stromauf, also in umgekehrter Richtung, befahren werden.

Sehenswürdigkeiten *(in der Reihenfolge des Tourenverlaufs)*

Eutin: ***Barockes Residenzschloss*** (1727) mit Schlossmuseum, ***Englischer Schlosspark*** (Eutiner Festspiele), ***Ostholstein-Museum***, ***Landesbibliothek*** (Literatur des 18. Jh.), ***Galerieholländermühle***, ***Marktplatz*** mit ***Fachwerkhäusern***, ***Wasserturm*** mit Ausstellungen zeitgenössischer Kunst und Fotoausstellung „Wassertürme Schleswig-Holsteins“, ***Gartenhaus*** und ***Garten*** des Hofmalers und Poeten Johann Heinrich Wilhelm Tischbein (1751-1829); ***Eutiner Festspiele*** (Juli / August); ***Eutiner Weber-Tage; Blues Baltica Eutin*** (Mai).

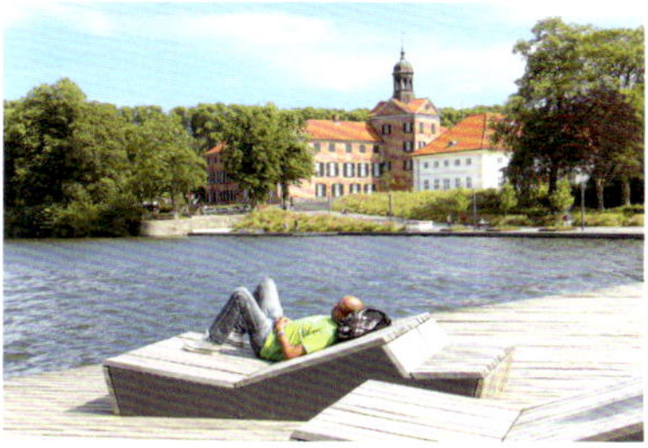

Man nennt Eutin auch „Weimar des Nordens“

Fissau: ***Fissauer Heimatstube.***

Malente: ***Wassermühle „Gremsmühle“, Tews-Kate*** (1634, älteste Räucherkate Ostholsteins) mit Heimatmuseum, ***Thomsen-Kate*** (18. Jh.) mit Bauerngarten, ***Kur- & Landschaftspark Malente*** von Karl Plomin, ***Maria-Magdalenen-Kirche, Wildpark, Gut Immenhof & Museum, WunderWeltWasser*** (Naturlehrpfad entlang der Malenter Au am Kellersee), jungsteinzeitliches rekonstruiertes ***Großsteingrab.***

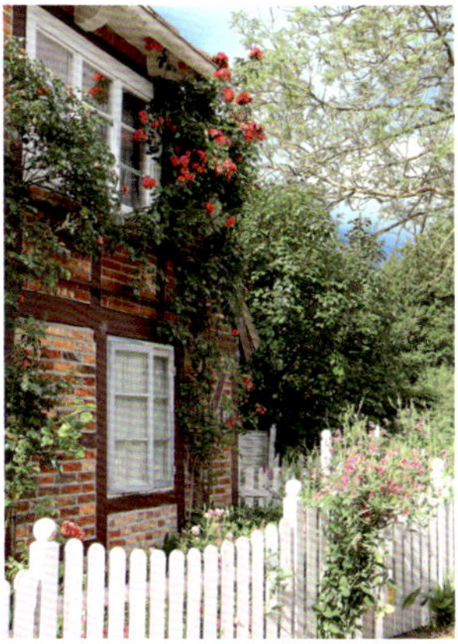

Schusterstadt Preetz

Timmdorf: ***Timmdorfer Kunsthaus*** (Skulpturen für Haus & Garten, originelle Tische von Percy Gliemann).

Plön: siehe „Blick auf . . .“ Seite 48.

Preetz: ***Adeliges Kloster Preetz*** (13. Jh.), ***Heimatmuseum, Holzschuhmuseum.***

Schwentinental: ***Wildpark, Kraftwerksanlagen.***

Kiel: siehe „Blick auf . . .“ Seite 66.

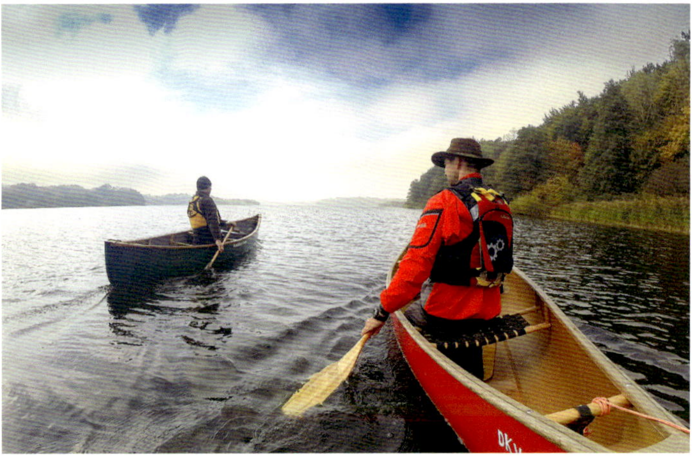

Sonstige Aktivitäten

Paddeln:

Die ***Weiterfahrt in die Kieler Förde*** bis auf die Ostsee hinaus ist ein Genuss und öffnet neue Dimensionen in Form riesiger Fähren und Frachtschiffe oder hölzerner Traditionssegler. Allerdings herrscht hier wirklich viel Schiffsverkehr, der ordentlich Wellen verursacht, die unerfahrene Paddler schnell zum Kentern bringen können. Eine Befahrung ist auch wegen der Wellen, die von der Ostsee hereinrollen, nur seegängigen Paddlern mit Seekajak zu empfehlen.

Wandern:

- Von **Malente** nach **Plön** führt eine schöne ***Tageswanderung*** durch viel Wald und meist am Seeufer entlang auf ca. 12 km, zurück geht's dann mit dem Ausflugsschiff.
- Auf dem 14 km langen ***Rundweg*** von **Malente** um den ***Dieksee*** (*schöner Blick vom zukünftigen neuen Holzbergturm, Foto rechts*).
- Im dichten Buchenwald am ***Bungsberg***, dem mit 167 Meter höchsten Berg Schleswig-Holsteins, kann man die ***Schwentinequelle erwandern***, die Gegend weist auf kurzen Strecken dabei fast mittelgebirgsartigen Charakter auf.
- Auf dem ***Holsteinische Schweiz Weg*** (53 km) von **Plön** über **Malente** und den **Bungsberg** nach **Eutin**.
- 27 beschilderte ***Tages-und Halbtagestouren*** sowie ***Spazierwege*** von 3,4 km bis 18,5 km Länge zwischen **Bungsberg** & **Bad Segeberg** (Info: www.holsteinischeschweiz.de/wandern).

Radfahren:

- ***Fünfseen-Tour*** zw. Malente und Plön (25 km) – Rundtour durch die Naturparklandschaft, vorbei am Gut Behl, dem Plöner Schloss oder den Timmdorfer und Malenter Räucherkaten.
- ***Dörfer-Tour*** (30 km) entlang von Forsthäusern, alten Räucherkaten, Feldsteinkirchen durch eine bäuerliche Knicklandschaft von und nach Malente.
- ***Bungsberg-Tour*** (36) km – Rundtour von Eutin über Fissau zu Schleswig-Holsteins höchstem Berg durch eine hügelige Feld-, Wald- und Seenlandschaft.
- ***Rund um den Selenter See*** (39 km) durch die alten Fischerdörfer Bellin und Selent.
- Eine rund 39 km lange ***Rundtour*** von Eutin ***durch die Kulturlandschaft*** des fruchtbaren ***Ostholsteins*** führt zu alten Gutsanlagen.
- Eine ausgeschilderte Tour folgt der ***Preetzer Schusteracht*** auf ca. 75 km durch einsame Wald- und Wiesengebiete in und rund um Preetz.

Vogelbeobachtung:

- Schutzhütte an den ***Kührener Teichen***.
- Seeadlerbeobachtung in Rathjensdorf am ***Trammer See*** (www.projektgruppeseeadlerschutz.de).

Angeln:

In den Seen tummeln sich ***Hechte, Aale, Barsche, Brassen, Zander*** und mancherorts sogar S***ilber- und Edelmaränen.*** Aufgrund des besonderen Fischreichtums sind schöne Angel-Erlebnisse möglich. Grundsätzlich wird in Schleswig-Holstein zum Angeln ab dem 13. Lebensjahr ein ***Fischereischein*** (Kenntnisnachweis mit Prüfung) benötigt. Angler, die bereits

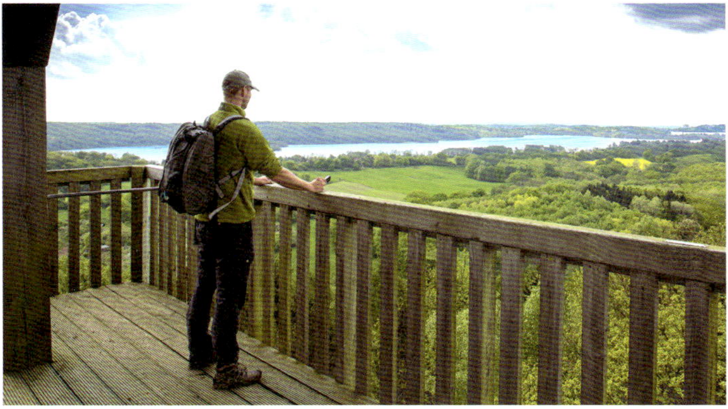

Blick vom Neversfelder Aussichtsturm „Holzbergturm" auf den Dieksee

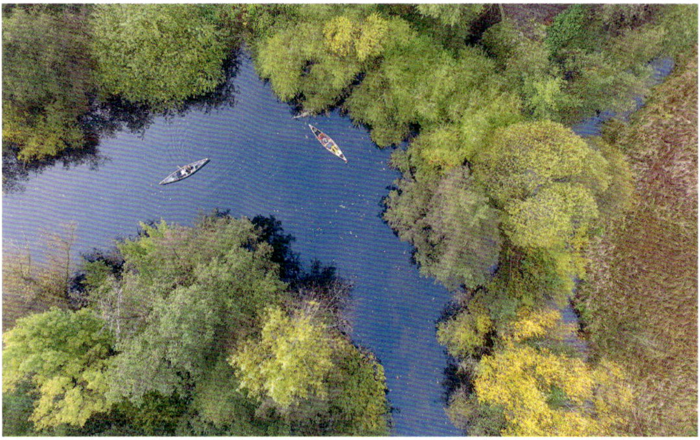

Die letzte Eiszeit ließ aufgestaute Seen und Durchbrüche zurück – heute bilden sie das mäandernde Flusstal der Schwentine

im Besitz eines Fischereischeins sind und aus anderen Bundesländern kommen, zahlen in Schleswig-Holstein eine sogenannte ***Fischereiabgabe*** von 10 Euro.

Urlauber haben die Möglichkeit einen sogenannten ***Urlauberfischereischein*** zu erwerben, der nur mit einem detaillierten Merkblatt über tierschutz- und fischereirechtlichen Fragen ausgegeben wird, denen der Angler zu folgen hat. Auch Besitzer des Urlauberfischereischeins müssen die Fischereiabgabe in Höhe von 10 Euro zahlen.

Der ***Urlauberfischereischein*** ist in einem Online-Verfahren zu erwerben und der Angler kann die notwendigen Dokumente sofort nach Bezahlung ausdrucken lassen. Privat verwaltete Gewässer vergeben aber eventuell keine Urlaubsfischereischeine an Angler ohne Fischereischein.

Ansprechpartner und Angelscheine:

- **Eutiner See und Kellersee:** Fischerei Schwarten, Kellerseestr. 52, Bad Malente, Tel. (04523) 20 04 11.
- **Dieksee:** Fischerei Schmidt (Diekseefischerei), Niederkleveez, Am Dieksee 4, Tel. (04523) 33 94.
- **Großer & Kleiner Plöner See:** Fischerei Reese, Eutinerstr. 8, Plön, Tel. (04522) 623, www.fischzucht-reese.de/angeln/angelkarten
- **Lanker See:** Stefan Ettling, Kirchenstr. 19, Preetz, Tel. (04342) 42 43, www.asv-preetz.de/gastangler.html
- **Rosensee:** Sportfischerverein SFV-Schwentine-Raisdorf e.V., Joachim Brendel, Schwentinental Ortsteil Raisdorf, Tel. 0170-477 03 96, www.schwentine-raisdorf.de/gastangler.html

Etappenvorschläge

Tag	Etappenroute	Etappenlänge
1.	Eutiner See (Alte Schäferei) – Malente	10,3 km
2.	Malente – Plön	14,7 km
3.	Plön – Preetz	12,3 km
4.	Preetz – Kiel	13 km

Tipps für Tagestouren:

Tipp	Tour	Länge
1.	Von Plön um die Prinzeninsel und durchs Plöner Stadtgebiet unter Einbeziehung der Stadtseen und des Kleinen Plöner Sees	14 km
2.	Kiel – Oppendorfer Mühle – Kiel	11 km
3.	Preetz – Raisdorf *zurück mit Bahn, Rad oder Kanu*	10 km
4.	Plön – Wahlstorf – Plön *Einkehr Café am Fuhlensee*	18 km

Adressen

zu Übernachtungsmöglichkeiten, Kanuvermietern, Sehenswertem, usw. finden Sie alphabetisch nach Ortsnamen im Adressteil ab Seite 97.

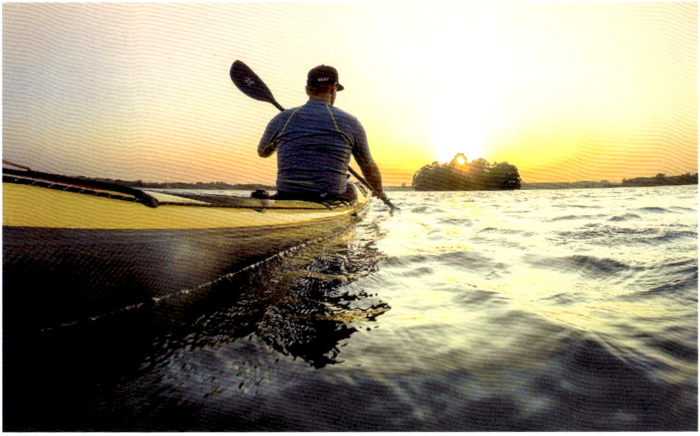

Bei Sonnenuntergang ist das Paddeln oft am schönsten

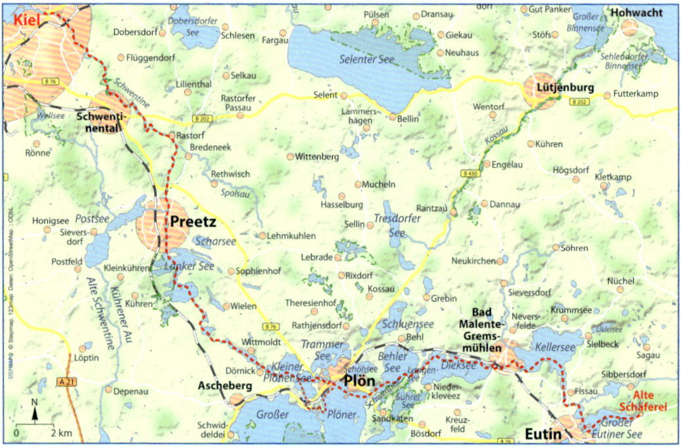

Länge und Dauer der Tour

53,3 Kilometer, 2–4 Tage (Abstecher auf Plöner & angrenzende Seen können die Kilometer verdoppeln).

Einsetzstelle

Am Ostende des ***Großen Eutiner Sees*** befindet sich neben der **Alten Schäferei** ein Waldparkplatz mit guter Parkmöglichkeit *(Navi: Am Redderkrug 37, 23701 Eutin)*.

Praktikabler ist es, wenn man mit der Bahn anreist oder zurück zum Pkw gelangen will, in der Innenstadt von **Eutin** an der Schwimmhalle einzusetzen ***(Tour-km 4).*** Dort je nach Wochentag gebührenpflichtiger Parkplatz *(Navi: Riemannstr. 46, 23701 Eutin)*.

Aussetzstelle

In **Kiel Dietrichsdorf / Wellingdorf**, *(Navi: Schaarweg 10, 24121 Kiel)* unter der Schwentinebrücke (B 502). Anfahrt über Schönberger Straße und den Scharweg. Kostenloses Parken.

Anreise / Zurück z. Pkw mit ÖPNV

Eine hervorragende Möglichkeit mit dem ÖPNV anzureisen oder zurück zum Pkw zu gelangen ist die Bahn. Die Strecke verbindet Lübeck und Kiel. Die Stationen Eutin, Malente, Plön, Raisdorf, Kiel sind ideal gelegen.

In **Eutin** läuft man vom Bahnhof gut 1 km zur Einsetztselle am Schwimmbad. Zur Einsetzstelle Alte Schäferei sind es 5 km zu Fuß, jedoch auf einem schönen Waldweg.

In **Schwentinental** im **Ortsteil Raisdorf** ist auch ein längerer Fußweg von mehreren Kilometern bis zum Bahnhof nötig. Alternativ findet man auf halber Wegstrecke die Bushaltestelle Rosenthal an der Landstraße, von wo aus man mit der Linie 2 zum Bahnhof von Raisdorf gelangt.

In **Kiel** müsste man, um mit dem Boot möglichst nahe an den Bahnhof zu gelangen, mitten in den Hafen hineinpaddeln bis ans Ende der Hörn. Hier kann man über die Treppen aussteigen und 100 Meter zum Bahnhof laufen. Alternativ kommt man an der Aussetzstelle mit dem Bus der Linien 11 und 100 von der Haltestelle Wellingdorf direkt zum Hauptbahnhof.

In **Malente** und **Plön** ist der Bahnhof nur einen Katzensprung vom Wasser entfernt.

Hindernisse / Umtragestellen:

1. An der ***Einsetzstelle Alte Schäferei*** sind ca. 100 Meter zu einem kleinen Bootssteg zu bewältigen.
2. ***Umtragestelle*** an der ***Fissauer Mühle*** (bei km 5,6) ca. 80 m.
3. In ***Malente*** an der ***Mündung der Schwentine in den Dieksee*** befindet sich eine ***Rollenbahn*** zum Bootstransport (30 Meter).
4. Am ***Übergang vom Höftsee in den Plöner See*** befindet sich ebenfalls eine ***Rollenbahn*** (20 m, bei km 18,7).
5. In der ***Plöner Altstadt*** existiert auch eine 10 m kurze ***Rollenbahn*** (bei km 21,3) um in den Stadtsee (Schwanensee) zu gelangen.
6. Dort wo die Schwentine vom Großen Plöner See (Ascheberger Teil) direkt in den Kleinen Plöner See fließt, befindet sich eine ***Sohlgleite***, die ***befahren oder getreidelt*** werden kann (bei km 23,6).
7. Am Ende des ***Rosensees*** (bei km 46,6) in ***Schwentinental / Raisdorf*** wartet eine lange, hügelige ***Portage von ca. 1,7 Kilometern Länge***, die auf der linken Uferseite beginnt und auf der rechten Uferseite endet.
8. Dort wo die ***Schwentine*** in die ***Kieler Förde mündet***, wartet eine letzte, kurze ***Rutschbahn*** mit der man das Boot ins Salzwasser befördert (Tour-km 53,3 Schwentine-km 0).

Ein *Bootswagen* ist für den Transport zur Einsetzstelle, evtl. zu einigen Übernachtungsplätzen und auf den Umtragestellen erforderlich.

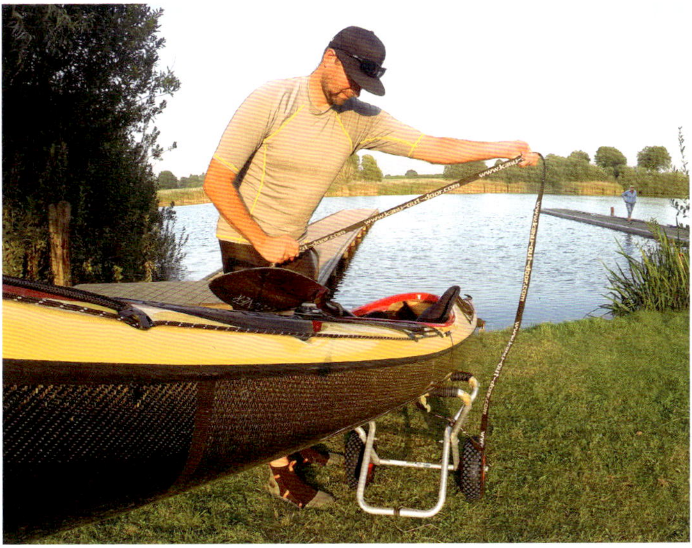

km 0 / 53,3

Schwarz sind die gepaddelten km

blau ist die Kilometrierung der Schwentine in den Karten

Vom beschatteten Waldparkplatz neben der **Alten Schäferei** bis zum Steg sind gut 100 Meter Sandweg zu überwinden – ein Bootswagen ist hier hilfreich.
Neben dem kleinen Steg, der eine Lücke im Schilf freihält, kann man sich im Sommer zum Baden in den See wagen.

*Eine schöne **Wanderung** (4–12 km) führt von hier durch das an den Eutiner See angrenzende, hügelige Waldgebiet mit hohen, alten Buchen und kleinen, eingestreuten Waldseen.*

Schon gleich nach dem Lospaddeln verzaubert die Landschaft des ***Großen Eutiner Sees***. Das rechte Ufer wird von üppigem Laubwald eingenommen und von einem Man-

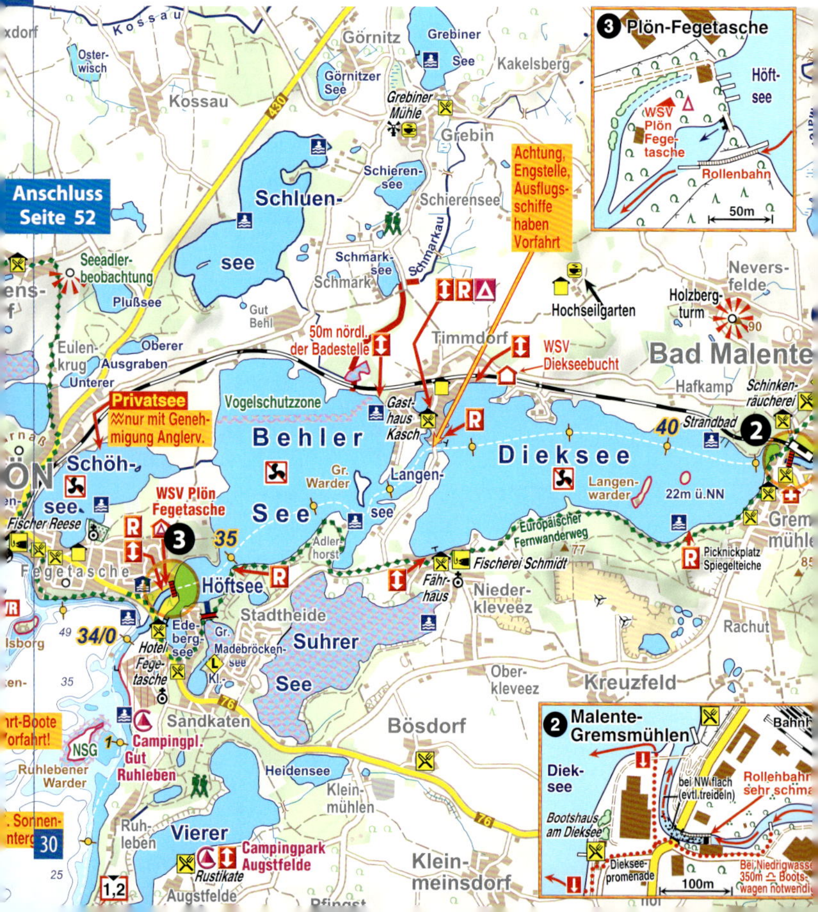

tel aus dichtem Schilf gesäumt. Links blickt man dagegen auf sanft geschwungene Felder und Hecken.

Zwischen zwei Inseln hindurch paddeln wir auf das am Seeufer aufragende Schloss Eutin zu. **km 3,3 / 50**

*Die **Fasaneninsel,** die größere der beiden Inseln, war vor mehr als tausend Jahren Standort einer slawischen Inselburg mit dem Namen „Utin", das Machtzentrum der Umgebung. Nach Zerstörung der Burg im 12. Jh. wurde die nachfolgende Siedlung am Ufer errichtet und entwickelte sich zur heutigen Stadt Eutin. Jetzt befindet sich die Insel in Privatbesitz, wird als eine der wenigen im Einzugsbereich der Schwentine bewohnt und darf nicht betreten werden.*

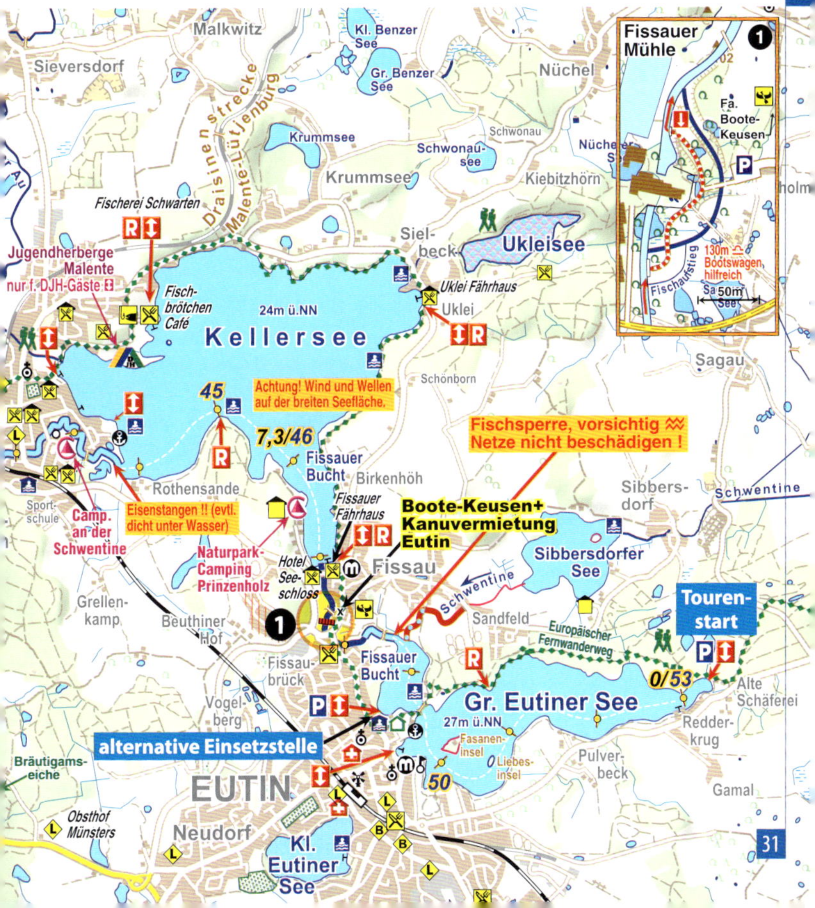

km 3,6 / 49,7
(850 m)

Schloss Eutin links liegen lassend, geht es in die kleine Bucht hinein, an deren Ende wir vor der Seepromenade anlegen um Städtchen und Schloss zu erkunden. *Neben dem Gottorfer und dem Glücksburger Schloss gehört es zu den bedeutendsten höfischen Profanbauten Schleswig-Holsteins.*

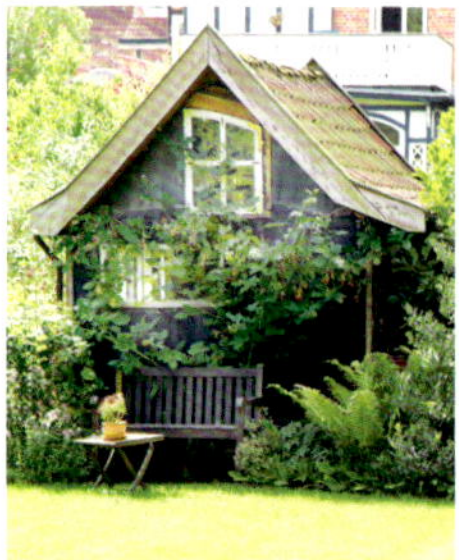

***Eutin** bekam als Residenz der Fürstbischöfe 1257 das Stadtrecht. Jene Herren sorgten 1727 auch für den Bau der vierflügeligen **Schlossanlage** im barocken Stil. Das hübsche Schloss wartet mit einem ungeahnt mediterran wirkenden Innenhof und dem **Schlossmuseum** auf. Kunsthistorisch interessante Stuckarbeiten, eine umfangreichen Porträtgemäldesammlung sowie wechselnde Themenausstellungen sind zu besichtigen. Einst diente der Bau auch als Kulisse für den Film „Cabaret" mit Liza Minnelli. In einem Nebengebäude findet man das Ostholstein-Museum sowie ein Restaurant.*

*Wem dagegen die alten Parkbäume und die lange Lindenallee gefallen, schlendert durch den prachtvollen englischen **Landschaftspark**. Hier im Schlossgarten finden auch die Eutiner Festspiele, wo Opern und Operetten aufgeführt werden, statt – auf einer der schönsten Freilichtbühnen Norddeutschlands direkt am See.*

Ostholstein-Museum
(04521) 78 85 20
Apr-Sep Di-Fr 11-17
Sa,So+Fei 10-17.30

Brauhaus Eutin
(04521) 76 67 77

Tohuus
(04521) 797 85 48

*Am **Marktplatz**, wo mittwochs und samstags vormittags der Wochenmarkt stattfindet, lohnt die Einkehr im urigen „Brauhaus Eutin", einem der ältesten Häuser der Stadt. Dort wird Bier nach jahrhundertealter Tradition der Hausbrauereien unfiltriert gebraut und ausgeschenkt. Schnell zuhause fühlt man sich schräg gegenüber im „Tohuus" bei sehr leckeren Fischbrötchen und selbstgemachter Limonade im chilligen Ambiente, drinnen oder draußen.*

Restaurant Alte Mühle Eutin
(04521) 50 42

*Durch die urige Altstadt mit ihren hübschen Fachwerkhäusern und Gassen schlendernd, gelangt man hinauf zur leicht erhöht liegenden **Windmühle**, eines der charakteristischen Gebäude Eutins, das mit Kirche, Schloss und Wasserturm eine geschlossene Silhouette bildet. Die fünfstöckige **Galerieholländermühle** mit einer Flügelspannweite von 44 Metern wurde 1850 erbaut und beherbergt heute eine gemütliche Gaststätte.*

*Nördlich davon liegt der **Eutiner Wasserturm,** 1909 am höchsten Punkt der Stadt errichtet. Wer die 156 Stufen der Wendeltreppe zur Aussichtsplattform nicht scheut, dem bietet sich ein umfassender Blick über die Rosenstadt Eutin. Regelmäßig finden im Turm auf drei Etagen auch Ausstellungen zeitgenössischer Kunst statt. Eine permanente Fotoausstellung zeigt sämtliche Wassertürme Schleswig-Holsteins.*

Zurück auf dem Wasser kommt man, sich immer links ans Ufer haltend, unter einer geschwungenen Fußgängerbrücke hindurch in den kleineren Seeteil, die ***Fissauer Bucht***, und umpaddelt dabei eine Landzunge. Auf ihr befindet sich der Seepark, der nach der Umgestaltung für die Landesgartenschau 2016 bei den Besuchern überaus beliebt ist.

Gleich hinter der Brücke schaut man rechts auf die ***historische Freibadeanstalt*** von 1913, von der es in ganz Deutschland nur noch sehr wenige vergleichbare Anlagen gibt. *Das unter Denkmalschutz stehende Schmuckstück, mit Stegen und Sprungturm, besticht mit einer großzügigen Liegewiese. Der Eintritt ist frei.*

Links in der Bucht liegt neben dem Gelände des Rudervereins die ***Schwimmhalle Eutin***. Direkt am Schwimmhallenparkplatz (*teils Parkgebühr*) besteht eine ***alternative Einsetzstelle***, auch wegen der guten Verkehrsanbindung.

km 4 / 49,3

(1.200 m)

2. Einsetzstelle

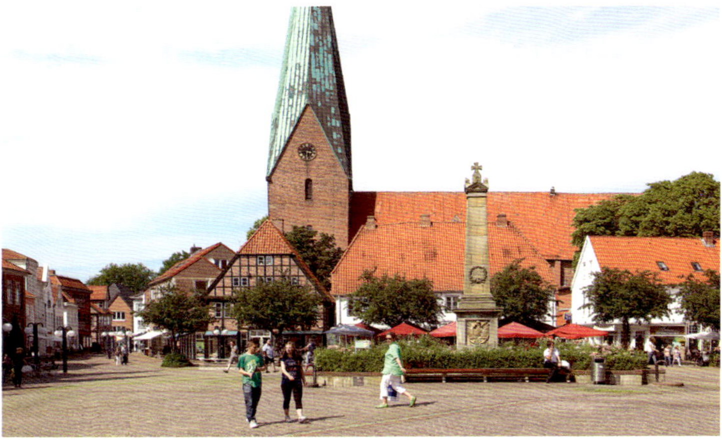

Der Eutiner Marktplatz ist Mittelpunkt der Altstadt

km 4,8 / 48,5 Am Ausfluss des ***Großen Eutiner Sees*** stoßen wir das erste Mal auf eine fließende ***Schwentine***, deren 10 Kilometer langer Ursprungsarm hier von rechts in den See mündet und sich mit dem Wasser aus dem Seearm zu einem Fließgewässer vereint. Der ***Oberlauf der Schwentine*** steht unter Naturschutz und ist drüber hinaus paddeltechnisch auch zu flach für eine Befahrung.

km 5,6 / 47,7

Boote Keusen
(04521) 42 01

Sohlgleite
nicht fahrbar
Umtragung (80 m)
s. Detailkarte 1

Nach einer kurzen Fahrt entlang von Bäumen überwucherter Ufer mit interessantem Wurzelgeflecht stoppt uns die ***Fissauer Mühle***. Ganz in der Nähe befindet sich der ***Kanuvermieter Eutin & Boote Keusen.***

Am rechten Ufer wartet ein Steg, an dem man über eine Bootsrolle das Kanu aus dem Wasser ziehen kann, denn die 2016 neu gebaute *Sohlgleite* ist nicht befahrbar. Mit einem Bootswagen ist die *Umtragung* schnell geschafft und man setzt unterhalb der ehemaligen Wassermühle wieder ein. Hier kann man auch die Boote zu Wasser lassen, wenn man die Strecke etwas verkürzen möchte *(Navi: Sielbecker Landstraße 2 c, 23714 Malente).*

km 6,2 / 47,1

Fissauer Fährhaus
(04521) 23 83

Hotel Seeschloss am Kellersee
(04521) 80 50

Die nun folgende kurze Fließstrecke kann bei Niedrigwasser sehr flach sein und leitet den Wasserwanderer durch einen hübschen, fast schluchtartig anmutenden Wald, bis man im Ortsteil **Fissau** am Ausfluss in den ***Kellersee*** rechts das ***Fissauer Fährhaus*** erreicht. *Das von dem bekannten Malenter Portrait- und Landschaftsmaler Leonhard Boldt 1926 eröffnete Haus offeriert eine bodenständige Küche mit Holsteiner Spezialitäten.* Links der Mündung befindet sich das ***Hotel Seeschloss am Kellersee.***

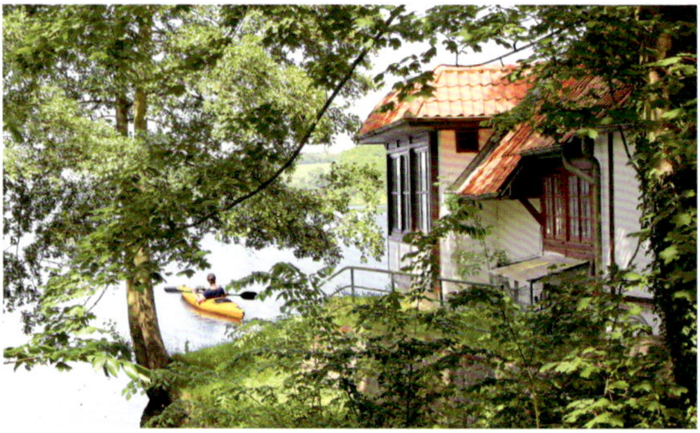

Am Fissauer Fährhaus trifft die Schwentine auf den Kellersee

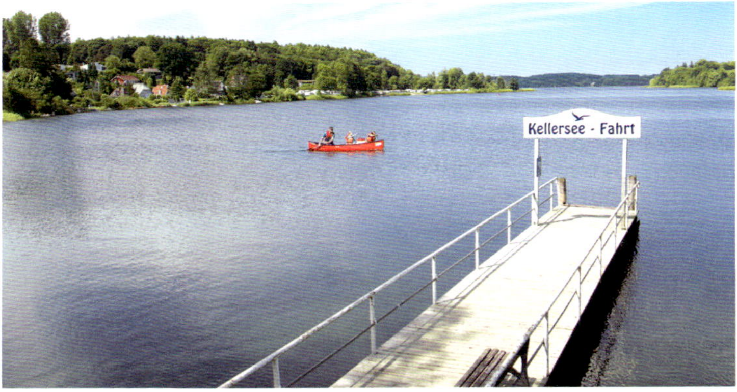

Mit Ausflugsschiffen muss man auf fast allen Seen rechnen

Direkt neben dem Fährhaus finden in der kleinen aber hübschen ***„Leonard Boldt Galerie"****, dem ehemaligen Atelier des Malers, wechselnde Kunstausstellungen statt.* Daran schließt sich der ***Boldt-Park*** an, ein Platz mit *Anlegesteg* und Infotafel für Kanuten sowie eine Tisch-Bank-Kombination, wo es sich wunderbar rasten lässt. *Im Wasser steht das Kunstwerk „Fliegende hölzerne Gänse auf dem Weg gen Norden", das die Verbundenheit mit dem nahen Dänemark symbolisiert.*

Leonard Boldt Galerie
(04521) 80 50
Sa+So 12-18 und nach Vereinbarung

Nach der Ausfahrt in den ***Kellersee*** bewegt man sich zunächst in der relativ engen, gut geschützten „zweiten" ***Fissauer Bucht***. Am linken Ufer ist voraus schon die Wiese des ruhig gelegenen *Naturpark-Camping Prinzenholz* zu sehen. Sein Sandstrand erleichtert das Anlegen. An Schlechtwettertagen freut der Paddler sich sicher über die Schlaffässer aus Kiefernholz mit Infrarotheizung und den Aufenthaltsraum mit TV, Bücher- und Spiele-Ecke.

km 6,8 / 46,5

Naturpark-Camping Prinzenholz
(04521) 52 81

Hinter dem Campingplatz öffnet sich die relativ ***große Seefläche*** zu beiden Seiten. Hier sollten Kanuten besonders achtgeben, denn sobald man aus dem Schutz der engen ***Fissauer Bucht*** kommt, ist man bei entsprechendem Wetter urplötzlich ***starkem Wind und Wellen ausgesetzt***. Über Kenterungen unerfahrener Paddler an dieser Stelle, die wegen Unterkühlung und Verzicht der Schwimmweste einen tödlichem Ausgang nahmen, wurde leider schon viel zu oft in der Lokalpresse berichtet.

!

Nördliches Kellersee-Ufer

km 7,3 / 46

Achtung hohe Wellen & starker Wind auf der großen Seefläche

Wer sich entscheidet den ***Kellersee*** bei entsprechender Windrichtung entlang des nördlichen Ufers zu befahren (ca. +3 Kilometer) wird nicht enttäuscht. In der Folge passiert man schöne Uferwälder mit hohem Buchenanteil, die im Herbst mit ihren leuchtenden Gelb- und Rotönen erfreuen. Schon bald findet sich eine größere Lücke im Schilf, die eine ***Badestelle*** mit Sandstrand bildet – dem „Hamburger Strand" – genau richtig für Leute die Ruhe und Natur suchen.

km 8,4

km 9,2

Uklei Fährhaus
(04521) 24 58

Dann wartet in der nächsten Bucht Im Ortsteil **Sielbeck** mit dem ***Uklei Fährhaus*** eine ***Einkehr- und Übernachtungsmöglichkeit*** am Ausflugsschiffanleger (*Seerundfahrt Kellersee*). Hier, am Nordostende des Sees, neben dem Hotel-Restaurant, hat man auch einen guten Zugang zum See, um die Boote ins Wasser zu lassen. *(Navi: Eutiner Straße 24, 23701 Sielbeck).*

*Rechts des Kellersees liegt der **Ukleisee** mit seinem spätbarocken Jagdschlösschen, gänzlich von Wald umgeben in einem tiefen Trog. Er wartet darauf, auf einem interessanten **Rundwanderweg (3-14 km)** erkundet zu werden. Als im 18. Jh. Eutin als „Weimar des Nordens" bezeichnet wurde, erwähnte man den See häufig in der Literatur, mehrere Sagen und Legenden ranken sich um ihn. In den angrenzenden Wäldern, in denen sich auch das Quellgebiet der Schwentine befindet, gibt es zahlreiche Möglichkeiten diese Wanderung deutlich zu verlängern.*

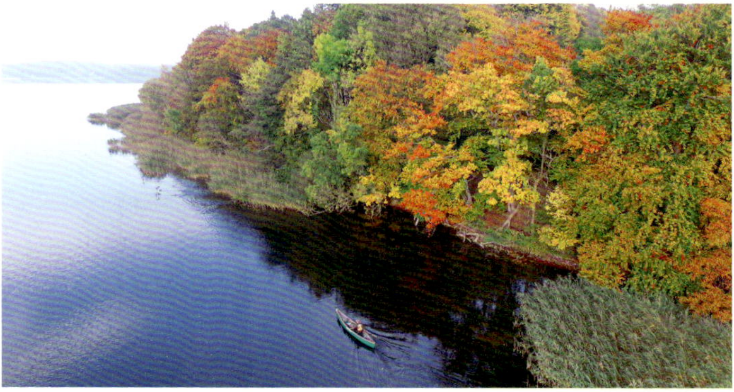

Ganz besonders malerisch zeigt sich der fischreiche Kellersee im Herbst

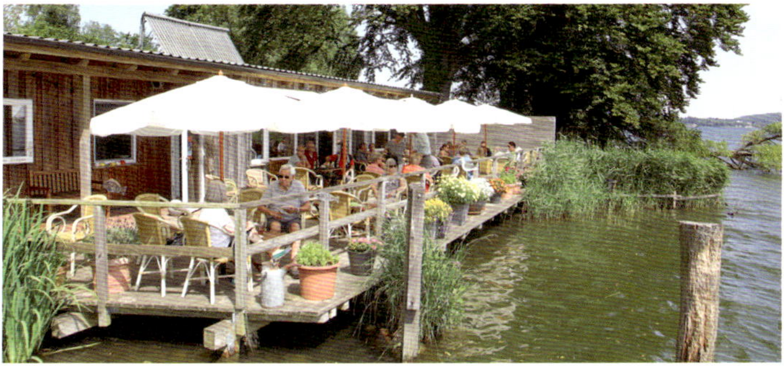

Die Seehütte ist allemal einen Abstecher wert

Mehrere bewaldete Buchten passierend, gelangt man zur vis-à-vis einer kleinen Insel gelegenen ***Seehütte***, auch *Das Fischbrötchen Café* genannt. In dem hübschen Gebäude *(Fischerei Schwarten, auch Angelkarten)* mit den tollen Außensitzplätzen werden die frischen Fischbrötchen erst nach Bestellung am Tresen zubereitet, es gibt selbstgebackenen Dinkelkuchen und neben Kaffeespezialitäten eine feine Auswahl an Tees. Dazu die schöne Atmosphäre, angenehme Menschen – wer nicht mehr braucht um zufrieden zu sein, der kommt hierher.

km 12,3

Seehütte – Das Fischbrötchen Café
(04523) 98 81 78

Unterwegs zum ***Schwentine-Abfluss*** im südwestlichen Seeteil liegt auf der Landzunge die *Jugendherberge (DJH)* von **Bad Malente**. In der Bucht dahinter gelangen wir zu einem langen Steg, an dem eine gute *Ein- und Aussetzmöglichkeit* besteht.

km 13

Jugendherberge Bad Malente
(04523) 17 23

km 14

*Hier führt der **Naturlehrpfad „WunderWelt Wasser"** (tgl. 8-16, gratis) über Holzplanken durch ein 13 Hektar großes Gebiet im Erlenbruchgebiet entlang der **Malenter Au**. Anhand von Schautafeln, farbenfrohen Insekten- und Fischmodellen sowie kindgerechten Installationen erfährt man Interessantes über die Pflanzen- und Tierwelt.*

Wer Appetit auf Deftiges verspürt, läuft über Janusallee und Bahnhofstraße zur *Schinkenräucherei Petersen* (*Bahnhofstr. 23*). Dort werden in einer der letzten Räucherkaten ihrer Art in einem reetgedeckten typisch Holsteiner Bauernhaus von 1788 Holsteiner Katenschinken, Katenrauchmettwürste und herzhafte Salamis geräuchert – zum Mitnehmen oder Essen am Kaminfeuer.

(850 m)

Schinkenräucherei Petersen
(04523) 22 96
Di-Sa 7.30-18
So+Fei 11-18

Südliches Kellersee-Ufer

km 7,3 / 46

Achtung hohe Wellen & starker Wind auf der großen Seefläche

In der Regel nehmen Kanuten über den ***Kellersee*** allerdings den kürzesten Weg am Südufer entlang, der auch der Kilometrierung auf der Karte folgt. Auch die „Abkürzer" unter den Paddlern werden belohnt, denn gleich nach der Ausfahrt auf die weite Seefläche wird

km 8,3 / 45

ein wunderbarer *Rastplatz* passiert, an dem man vorzüglich *baden* und unter hohen Buchen im Schatten dösen kann. Das kleine Waldstück eignet sich auch für einen kurzen *Spaziergang* *(ca. 2 km)* durch alte Buchenbestände.

km 9,2 / 44,1 Wenige 100 Meter weiter passieren wir **Rothensande**.

*Das **Gutsgebäude Rothensande** ist als „Gut Immenhof" bekannt aus den Filmen, die in den 1950er Jahren im Kino wahre Kassenschlager waren. Am Drehort der Heile-Welt-Filmchen „Die Mädels vom Immenhof", „Hochzeit auf Immenhof" und „Ferien auf Immenhof" entsteht gerade ein Ferienhof mit Reitbetrieb.*

Achtung – evtl. Eisenstangen unter Wasser !!

Gleich im Anschluss geht es hinein in den ***Ausfluss der Schwentine***, der hier durch ein ausgedehntes Schilfgebiet in den Ort **Bad Malente** mäandert. Hübsche Haubentaucher, deren Junge im Frühsommer auf dem Rücken der Mutter „spazierengefahren" werden, wechseln sich ab mit Stockenten, Blässhühnern und Graugänsen.

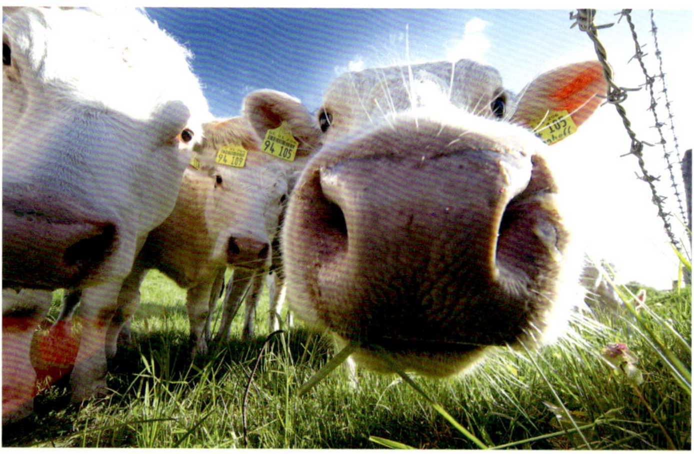

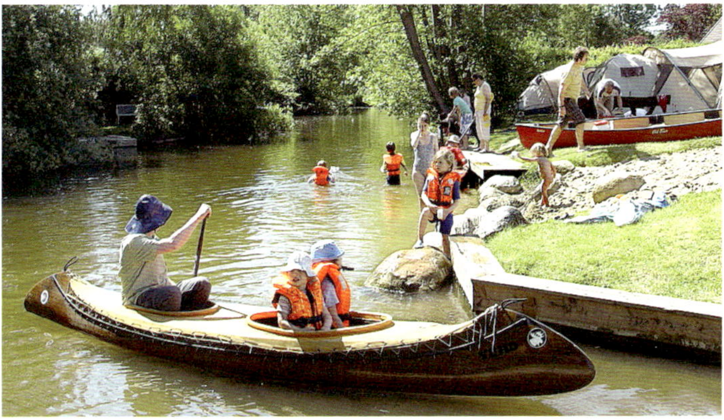

Familienfreundlich geht's auf dem „Camping an der Schwentine" zu

Links sehen wir nun den *Camping „An der Schwentine"* – der kleine, naturnahe Platz eignet sich hervorragend für eine erste Übernachtung und ist wegen der Spielplätze, einer großen Spielwiese und einer kleinen sandigen *Badestelle* auch bei Familien mit Kindern beliebt.

km 10,3 / 43

(1,2 km)

Camping An der Schwentine
(04523) 43 27

*Eine etwa **9 km** lange **Wanderung** (hin und zurück) führt zu der südlich des Platzes, tief im Wald in Nähe der B76, stehenden mächtigen **„Bräutigamseiche"**. Der etwa 500 Jahre alte Baum ist weltweit der erste mit eigener Postanschrift. Um ihre Romanze vor dem Vater geheim zu halten, schrieb sich die Tochter eines Försters Ende des 19. Jahrhunderts über ein Astlochversteck Liebesbriefe mit einem Schokoladenfabrikanten. Letztlich endete die Geheimnistuerei aber doch als Ehe, die sogar unter der Eiche gesegnet wurde. Seitdem sind viele weitere Ehen auf diesem Weg entstanden und auch heute kann jeder Briefe in diesem Loch ablegen und herausholen.*

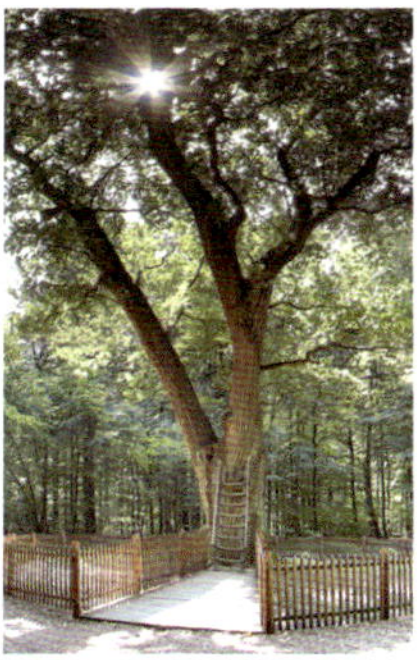

Nur ein paar hundert Meter von der Eiche entfernt, an der B76, gibt es im Ⓛ Hofladen des *Obsthofs „Münsters"* sortenreine Edelobstbrände vom allerfeinsten, aber auch Obstsäfte, Fruchtaufstriche und Honig.

Obsthof Münsters
(04521) 35 98
Apr-Okt, Mo-Fr 8-18, Sa 8-16

Zurück auf dem Wasser schlängelt sich die ***Schwentine*** auf den nächsten 1,5 Kilometern weiter durch **Malente**. Rechter Hand lassen wir den ***Kurpark*** des Ortes liegen, *in dem Sumpfzypressen und amerikanische Eichen das Bild prägen. Er ist das bedeutendste Gartendenkmal der 1960er Jahre in Schleswig-Holstein und einer der schönsten Gärten Deutschlands.*

km 11,9 / 41,4

Mühle Rollenbahn 30 m *wegen Baumaßnahmen evtl. gesperrt, dann 350 m Umtragen an der Straße* s. Detailkarte 2

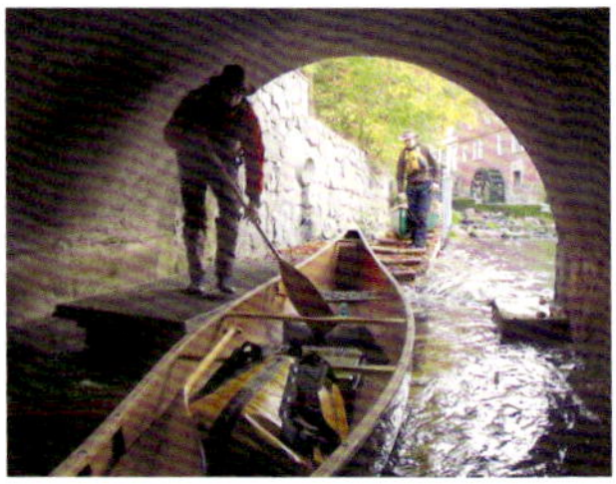

Die **Gremsmühle**, *eine wasserbetriebene Getreidemühle, die noch mit einem sich drehenden Mühlrad aufwarten kann, ist eine der ältesten Mühlen Holsteins und Namensgeberin von* **Bad Malente-Gremsmühlen**. Sie versperrt dem Kanuten den Weg und die Boote müssen auf der rechten Seite über eine 30 Meter lange ***Rollenbahn*** *(wegen Umbaumaßnahmen an der Brücke 2018 / 2019 nicht nutzbar)* entlang der Fischtreppe ***transportiert*** werden.

bei Niedrigwasser evtl. treideln

Hinter der Mühle will ein kleines, flott fließendes Stück ***Schwentine*** überwunden werden, das im Sommer bei ***Niedrigwasser*** ziemlich flach sein kann. In diesem Fall treten größere Steine zum Vorschein, auf die man achtgeben sollte, evtl. muss man ***treideln***.

Bei NW 350 m umtragen an der Straße

Bei ***zu niedrigem Wasserstand*** empfiehlt es sich, bereits vor der ***Gremsmühle*** beim Parkhaus *(Navi: Eutiner Straße 1, 23714 Malente)* links auszusetzen und mit dem Bootswagen an der Mühle vorbei über die Kreuzung in die *Diekseepromenade* zu schieben, um ca. 70 m links neben dem ***Restaurant „Bootshaus am Dieksee“*** direkt in den ***Dieksee*** wieder einzusetzen *(siehe auch Detailkarte 2)*.

Bootshaus am Dieksee
(04523) 31 04

Villa Colonial
(04523) 20 78 15

Pension Brüchmann
0172-433 11 58

Hotel Diekseequell
(04523) 880 80

Im nun folgenden kleinen Hafenbecken von **Malente** wartet direkt oberhalb des Anlegers der 5-Seen-Schifffahrt die ***Villa Colonial*** auf hungrige Gäste – oben mit der schönen Terrasse und unten mit Liegestühlen am Wasser.

Wenn man sich dagegen links hält und auf den ***Dieksee*** paddelt, hat man alsbald die Steganlage des urigen Restaurants ***„Bootshaus am Dieksee“*** vor sich und passiert im Anschluss einige ***Hotels***, ***Pensionen*** und Kurkliniken.

Starke *ablandige Winde* können dem Paddler auf dem See im weiteren Tourenverlauf Probleme bereiten. Auf Höhe zweier Inseln, die nicht betreten werden dürfen und auf der größeren der beiden, ***Langenwarder***, die Werft der 5-Seen-Schifffahrt angesiedelt ist, liegt am Südufer der wunderschöne *Picknickplatz „Spiegelteiche".* Mit Bank und Tisch ist er ideal für Paddler, die eine Essenspause einlegen.

km 13 / 40,3
!

Entlang des dicht bewaldeten Ufers fahren wir einige Buchten aus, bis in der Ferne voraus eine Brücke am Westufer eine Durchfahrt anzeigt. Allerdings gibt es zuerst einmal auf der südlichen Seeseite am Ende der letzten Bucht die Möglichkeit im *Fährhaus Niederkleveez* einzukehren (*leckere Bratkartoffeln*) oder zu übernachten. Dort können auch prima die *Boote ein- und ausgesetzt* werden. Nebenan in der *Fischerei Schmidt* gibt es leckeren Räucheraal oder geräucherte Maräne sowie Angelkarten zu kaufen.

km 15,5 / 37,8

Hotel Fährhaus Niederkleveez
(04523) 98 48 98
Mo-So 11-14 & ab 17

Fischerei Schmidt
(04523) 33 94

Strebt man die *Engstelle* am Übergang zum nächsten See an, ist besondere Aufmerksamkeit geboten wegen der *Ausflugsschifffahrt*, die hier einen Anleger hat und im Sommer an diesem Nadelöhr recht häufig verkehrt.

Achtung! Ausflugsschiffe haben Vorfahrt!

Unmittelbar vor der Durchfahrt unter der kleinen Straßenbrücke in den nächsten See liegt rechts, nach dem ***Bootsanleger Timmdorf,*** ein herrlicher *Rastplatz* mit zwei

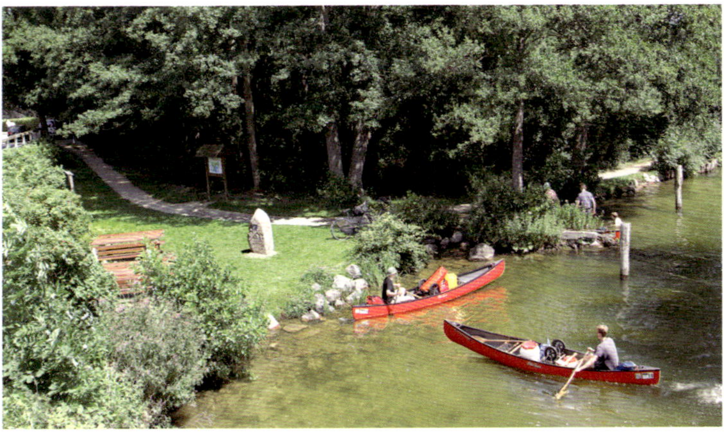

Der schöne Rastplatz in Timmdorf verleitet zum Anlegen

Tisch-Bank-Kombinationen. Nimmt man die Kanus an der engen Durchfahrt aus dem Wasser, könnte man von hier gut zum Essen ins nahe **Timmdorf** (*Landgasthof Kasch*) laufen.

km 15,6 / 37,7 Unter der holprigen Kopfsteinpflasterstraße hindurch geht es weiter in den ***Langensee***, der unmittelbar in den ***Behler See*** übergeht.

Landgasthof Kasch
(04523) 33 83
Mai-Sep 12-21
Mo+Di Ruhetag

Wer hier gleich zu Beginn des ***Langensees*** gegenüber der Brücke in den ***Stichkanal*** hinein und nach rechts einen scharfen Schwenk macht, der gelangt nach rund 200 Meter zum *Landgasthof Kasch,* der sich zum Einkehren geradezu anbietet. Ein Übernachten auf dem Gelände mit Zelt oder im Zimmer ist auf Anfrage möglich.

Paddler, die mal eine Paddelauszeit brauchen, können auf einer ***Wanderung entlang des Schmark- und Schierensees*** *in 4 km nach* **Grebin** *zu der unweit des* ***Grebiner Sees*** *gelegenen* ***Grebiner Mühle*** *gelangen. Dort gibt es im Sommer im* ***Mühlen-Café „To'n Windbüdel"*** *von freitags bis sonntags köstliche selbstgebackene Kuchen, frischen Kaffee und natürlich den Grebiner Wein aus einem der nördlichsten Weinberge Deutschlands mit dem stolzen Namen „So mookt wi dat" und viele Kleinigkeiten mehr angeboten. Neben Essen & Trinken genießt man dann den herrlichen Fernblick, den man von den rustikalen Bänken vor der wirklich originellen Mühle aus hat.*

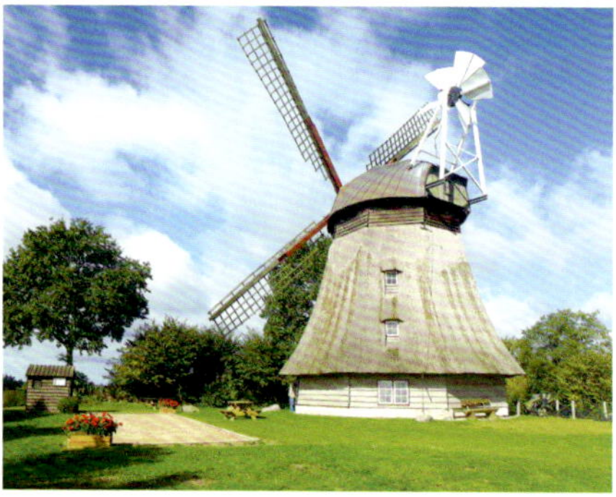

Grebiner Mühle
0174-679 47 45
im Sommer Fr-So

Auf dem ***Langensee*** geht es vorbei am ***Großen Warder,*** einer Grasinsel ohne nennenswerten Baumbestand, die nicht betreten werden darf. Hier brüten neben Gänsen auch die seltenen Lachmöwen. Auf unserem Weg hinein in den ***Behler See*** werden wir begleitet vom vielstimmigen Geschrei der weißen Flieger mit dem schwarzen Kopf. Der rundliche fischreiche See kann mit wunderschönen Wäldern und einem Saum aus Schilf aufwarten.

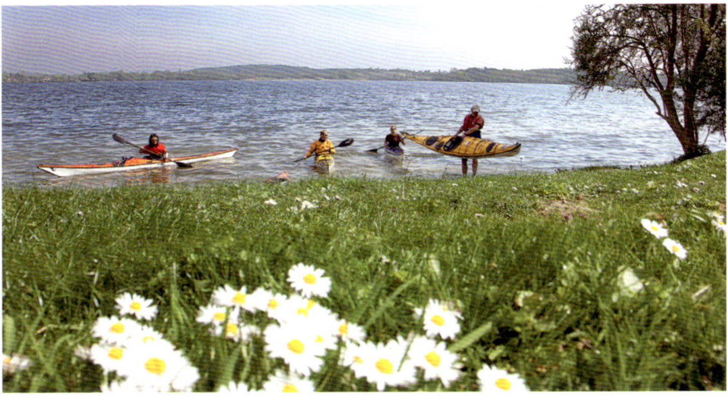

Einst gehörte der Behler See der Milliardärsfamilie Quandt, dann einem Hamburger Holzhändler – egal, aufgrund des Gemeingebrauchsrechts dürfen Paddler dort ihre Runden drehen

Wer der etwas längeren ***nördlichen Uferroute*** um den Behler See folgt (*vor der Insel Großer Warder rechts halten*), kommt an **Timmdorfs** kleiner, aber reizvoller *Badestelle* mit Strand und Liegewiese vorbei und gleich darauf an der offiziellen *Ein- und Aussetzstelle* des Ortes. In der nördlichen Bucht passiert man ein *Vogelschutzgebiet*, das umfahren werden sollte.

km 16,6 / 36,7

Die meisten Paddler folgen aber der kürzeren und meist auch besser geschützten Route am ***südlichen Seeufer*** (*vor der Insel Großer Warder links halten*) ebenso wie die Kilometrierung des Buches. Hier geht es am südlichen Inselende um die ***Landzunge Adlerhorst*** herum, auf der sich das „Zeltlager Adlerhorst" (*Gruppenreisen, Jugendfreizeiten*) befindet, und dann entlang dichten Laubwaldes bis sich der See erneut verengt.

km 18,4 / 34,9

Die bewaldete schmale Durchfahrt führt in den ***Höftsee*** hinein. Am rechten Ufer der Enge findet sich ein großer runder *Steintisch mit Sitzbänken* unter Erlen und Ahornbäumen, an dem man hervorragend pausieren und auch *baden* gehen kann.

Der ***Höftsee*** selbst sorgt mit seinen hohen, bewaldeten Ufern besonders im bunten Herbst für eine Prise „Kanada-Feeling". Die Spitze des Kanus auf die vor uns in der Ferne hervorschauenden Hochhäuser haltend, queren wir den kleinen See in südwestliche Richtung.

Wer Zeit für einen kleinen *Abstecher* hat, kann schnell linkerhand dem mit einem 20 Meter langen Kanal verbundenen ***Edebergsee*** einen Besuch abstatten. Er ist Ausgangspunkt für die 5-Seen-Rundfahrt, daher sollte man an der Engstelle mit Schiffsverkehr rechnen.

Hotel-Restaurant Fegetasche
(04522) 90 51

An der Anlegestelle der Seenrundfahrt am rechten Ufer soll man in dem ab 2019 wiedereröffneten *Hotel-Restaurant Fegetasche* gut speisen und übernachten können.

Der interessante Name ***„Fegetasche"*** *wurde einst wörtlich genommen – eine bereits im 13. Jh. schriftlich erwähnte Zollstation zog zwischen den Seen Zölle und Wegegeld ein, was umgangssprachlich als „Ausfegen der Taschen" bezeichnet wurde und sich im Ortsnamen niederschlug.*

km 18,9 / 34,4

Umtragung
Rollenbahn 50 m
s. Detailkarte 3

WSV Plön Fegetasche (WPF)
0157-715 706 54
(04522) 76 01 35

Am Ende des ***Höftsees*** zeigen mehrere Stege, dass wir an der *Umsetzstelle* angekommen sind. Am linken Steg findet man die sehr komfortabel zu nutzende *Rollenbahn*. Die beiden mittleren Stege gehören zum *Wassersportverein Plön Fegetasche (WPF),* dessen Vereinshaus in der denkmalgeschützen Ölmühle untergebracht ist. Auf Anfrage beim Bootshauswart gibt es für DKV-Mitglieder eine Übernachtungsmöglichkeit für Zelter. Ins Zentrum von **Plön** sind es von hier fußläufig rund 2,8 Kilometer.

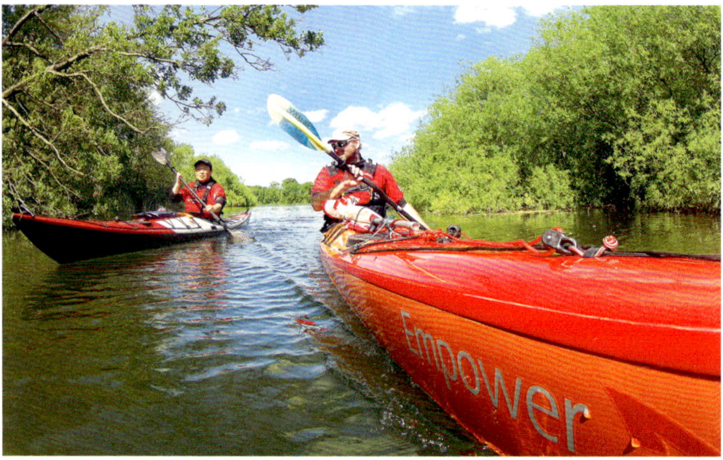

Überhängende Bäume und Äste können kurz nach dem Winter die Schwentine blockieren, ehe für die Saison der Weg wieder freigemacht wird

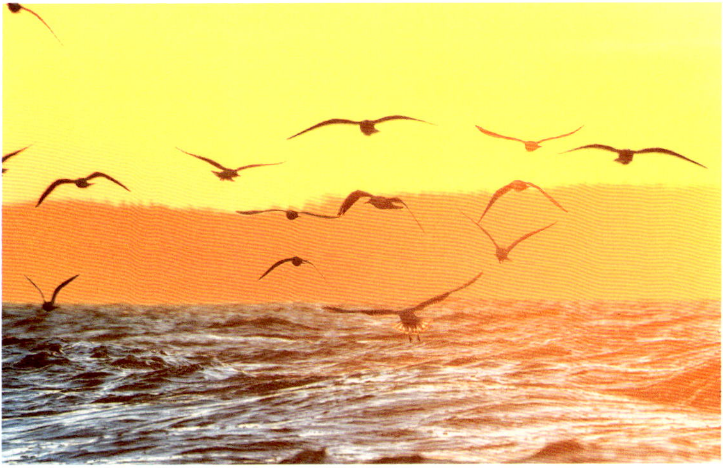

Möwen suchen im aufgewühlten Wasser des Plöner Sees nach Nahrung

Die Portage an der ***Ölmühle*** geht, ähnlich jener in Malente, über eine kurze Rollenbahn hinein in einen Fließabschnitt der ***Schwentine***, vorbei am Gelände des Wassersportvereins. Direkt unterhalb der Umsetzstelle ist ein offizieller ***Rastplatz*** mit ***Einsetzstelle***. Auf dem viel zu kurzen Stück schöner ***Schwentine*** paddelt man nun zum ***Großen Plöner See***.

km 19,3/34 = Plöner See 0

Wegen seiner schieren Größe türmen sich bei ***kräftigem Wind*** hohe Wellen auf, die weniger erfahrene Kanufahrer schnell zum Kentern bringen können. Mit Schiffsverkehr vom Hauptanleger der Seerundfahrt um die Ecke ist ebenfalls zu rechnen. !

100 Meter nördlich des ***Schwentineausflusses*** befindet sich eine öffentliche ***Badestelle*** mit langgezogenem Sandstrand.

Die riesige Wasserfläche des ***Großen Plöner Sees*** liegt nun vor unserem Bug. Zum einen besteht die Möglichkeit den See zu umrunden (*siehe Seite 70*) oder, um die Tour auf dem kürzesten Weg auf der Schwentine fortzusetzen, wie es die meisten Paddler tun, dem nördlichen Ufer folgen.

Für die Tour entlang der ***„Schwentine-Route“*** halten wir uns also ans rechte Seeufer und paddeln auf die ***Insel Olsborg*** zu.

*Das schmale **Waldstück**, das sich bald am rechten Ufer ausbreitet, sieht nicht besonders spektakulär aus, beherbergt aber eine der wenigen Baumbestände der Grauerle im Flachland Deutschlands. Eine Pflanze, die ihren Hauptlebensraum üblicherweise in den höheren Bergregionen hat. Ihr Standort hier ist ein Relikt vom Ende der letzten Eiszeit. Aus dem Wald schaut die Spitze des runden, denkmalgeschützten, 1913 erbauten **Plöner Wasserturms** heraus, der zwar nicht öffentlich besichtigt, aber als Ferienwohnung mit Rundbalkon gebucht werden kann. Sicher hat das Wohnen auf mehreren Ebenen mit grandiosem Ausblick auf den See einen besonderen Charme.*

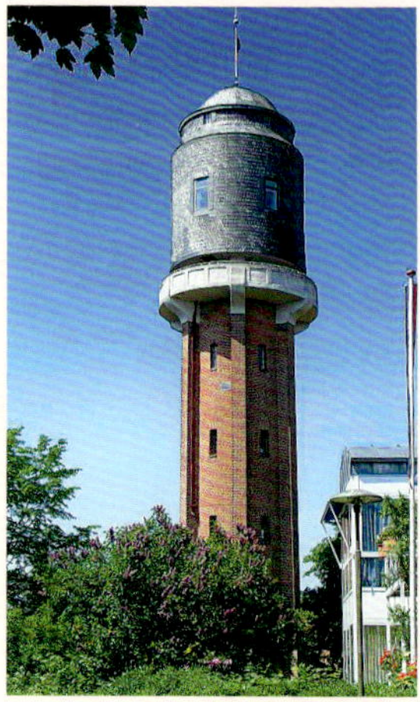

km 20,5 / 32,8 An der Durchfahrt zwischen dem Festland und der ***Insel Olsborg*** liegt die Keimzelle des Ortes **Plön**, dessen Altstadt gleich hinter der Insel am Ufer auftaucht. *Auf dem langen und schmalen Eiland, von dichtem Wald bestanden, thronte im 10. Jh. eine erste hölzerne Burganlage der Slawen.* Für ***Olsborg*** gilt, wie für fast alle Seeinseln, ***aus Naturschutzgründen Betretungsverbot***. Wegen fehlender Bewirtschaftung hat sich in den letzten Jahrzehnten eine sehr naturnahe, mittlerweile fast urwaldartige Flora & Fauna-Lebensgemeinschaft entwickelt.

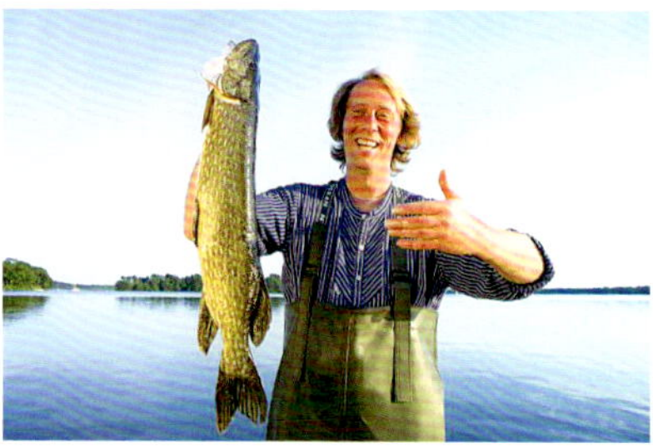

km 21 / 32,3

Fischerei Reese
(04522) 62 36
Jun-Aug tgl. ab 11
Sep Di-Fr 9-18

240 m

Wer die Bucht ausfährt, kann am Ufer bei der *Fischerei Reese* (*auch Angelkarten*) einkehren und sich geräucherten Fisch oder andere Spezialitäten schmecken lassen. Die Fische gelangen von der Anlandung direkt in die Bistroküche und werden vor den Augen der Kunden zubereitet – frischer geht's nicht.

Am Ufer unterhalb der Eutiner Straße (*gratis parken*), können neben dem Steg der Seerundfahrt die *Kanus ins Wasser* gelassen werden *(Navi: Eutiner Straße 2, 24306 Plön)*.

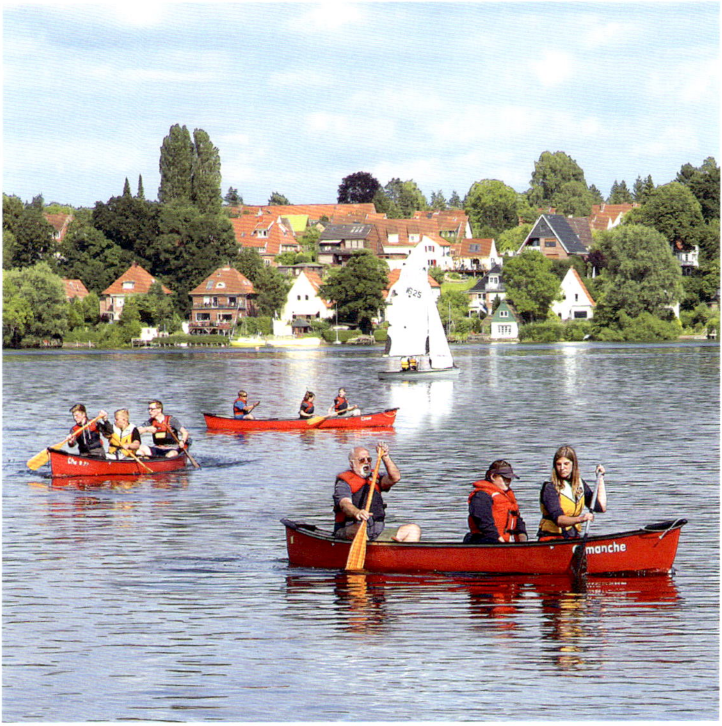

An schönen Sommertagen liegt der Große Plöner See ruhig da, dann tummeln sich bisweilen die Wassersportler

km 21,3 / 32

Ein pavillonartiges Gebäude sticht gleich links neben dem Bahnhof aus der Uferpromenade heraus. Wer am Steg des ***Restaurants Seeprinz*** sein Kanu festmacht, kann mit herrlichem Blick auf den See das Essen genießen.

Restaurant Seeprinz
(04522) 789 71 55

Neben dem Restaurant geht es unter der Bahnbrücke hindurch wieder in die ***Schwentine***. Gleich dahinter rechts liegt der ***Wasserwanderrastplatz / Bootshafen*** mit komfortablen Stegen. Ideal zum Besuch der nahen Innenstadt, der im Bahnhof befindlichen Tourist-Info, ein- oder auszusetzen oder einzukaufen *(Navi: Am Bootshafen, 24306 Plön)*.

WWW
100 m

Den Bootshafen rechts liegen lassend, stößt man nach Unterfahrung einer Straßenbrücke auf eine kurze ***Rollenbahn*** zum ***Umsetzen*** der Boote.

Umtragung
Rollenbahn 50 m
s. Detailfoto 4

Blick auf Plön

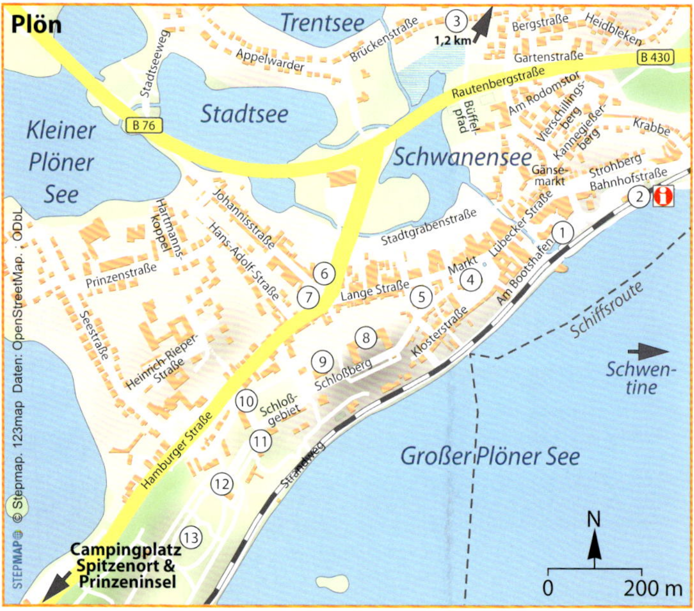

① ***Bootshafen/Wasserwanderrastplatz.***

② ***Tourist Info & Bahnhof.***

③ ***Parnaßturm.*** 20 Meter hohe Aussichtsplattform aus Stahlfachwerk von 1888. Herrliche Aussicht auf Stadt und Seen. In der Saison tgl. offen, Eintritt frei.

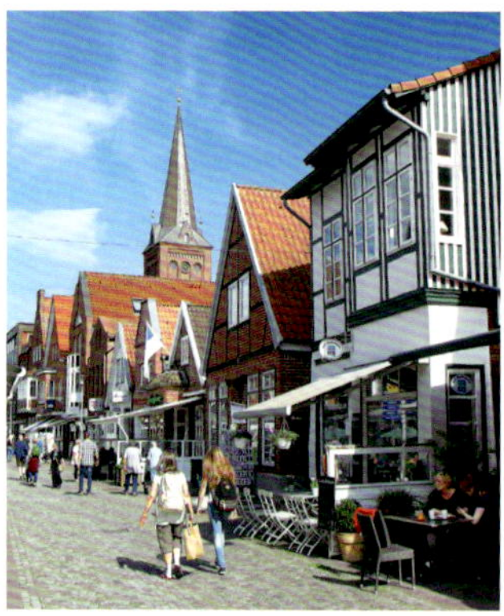

④ ***Nilolaikirche.*** Im neoromanischen Stil erbaut. Heute Konzerte im Rahmen des Schleswig-Holstein Musikfestivals. Marktplatz davor bis 1806 als Friedhof genutzt.

⑤ ***Rathaus.*** 1816-1818 erbaut. Davor der aus Muschelkalk gefertige Gänselieselbrunnen.

⑥ ***Kreismuseum*** und ***Apothekergarten.*** Beherbergt eine der größten Glassammlungen Norddeutschlands.

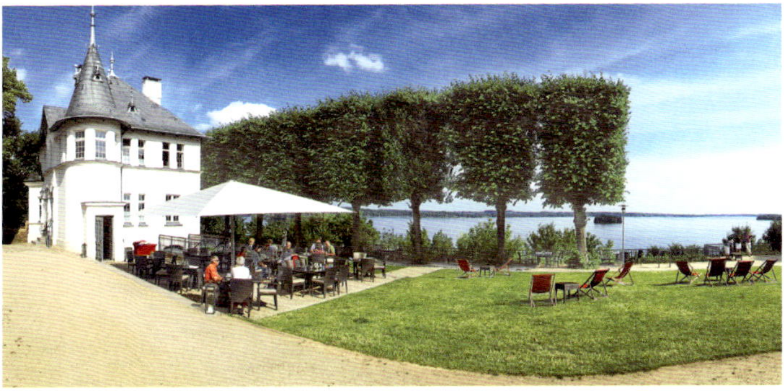

Vom Pförtnerhaus Schloss Plön, mit seiner gehobenen deutsch-französischen Küche, bietet sich ein traumhafter Blick über den See

(7) ***Johanniskirche.*** 1685 von Herzog Adolf im schlichten Barock errichteter Fachwerkbau.

(8) ***Schloss Plön.*** 1633-36 nach dän. und ital. Vorbildern im Stil der Spätrenaissance als Backsteinschloss erbaut. Ab 1840 Sommerresidenz des dän. Königs Christian VIII. Erhielt zu dieser Zeit den weißen Verputz, der an dänische Schlösser erinnert.

(9) ***Kulturforum Schwimmhalle Schloss Plön.*** Im Jugendstil erbaut. Ausstellungen, Konzerte, Lesungen. Stilvolles „Restaurant Schwimmhalle" mit hübschem Garten.

(10) ***Naturparkhaus.*** Besonders bei Kindern beliebt, zeigt es auf 150 qm eine Ausstellung über die Entstehung des Naturparks und seine heutigen Lebensräume.

(11) ***Schlossgärtnerei mit Café.*** Kultivierung von Kräutern und alten Gemüsesorten. Café ist bekannt für ausgefallenen Kuchen und Tees. Kleine Läden zum Stöbern.

(12) ***Prinzenhaus.*** Rokoko-Lustschloss, diente während der Zeit Kaiser Wilhelms II. dessen Söhnen als Schule. Heute Konzerte und Trauungen. Besichtigung im Rahmen einer Führung.

(13) ***Schlossgarten.*** 1730-48 angelegt. Gehört mit den breiten Alleen aus 200 Jahre alten knorrigen Linden zu den bedeutendsten Gärten des 18. Jh. in Schleswig und Holstein.

Die Mitte des 10. Jh. von Wagriern besiedelte Insel Olsborg und die später von Slawen errichtete Burg Plune sind die Keimzelle Plöns. Der Holsteiner Graf Adolf II. von Schauenburg ließ die Burg nach ihrer Zerstörung auf dem heutigen Schlossberg wieder aufbauen. In ihrem Schutz erfuhr die Marktsiedlung, die strategisch günstig an der von Lübeck nach Norden

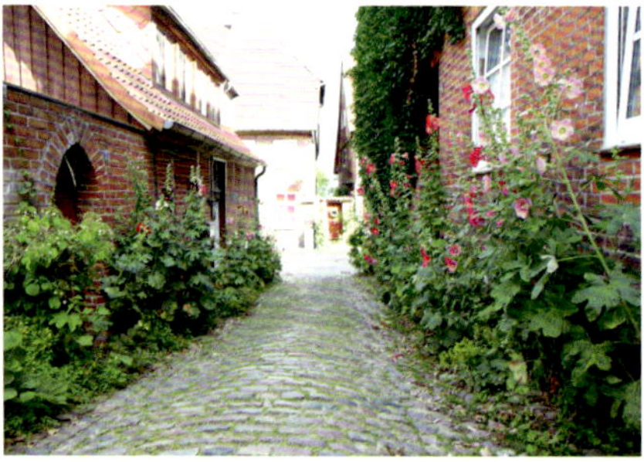

führenden Handelsstraße lag, eine rasante Entwicklung, bis sie 1236 gar das Lübische Stadtrecht verliehen bekam.

Im 15. Jh. fiel Plön dem dänischen Königshaus zu und durch Erbfolge entstand 1622 das souveräne Herzogtum Schleswig-Holstein-Sonderburg-Plön, dessen Residenzstadt dieses kleine, aber selbständige Fürstentum wurde.

Heute ist das im 17. Jh. in nur drei Jahren errichtete ***Plöner Schloss*** das Wahrzeichen der Stadt und ganz klar Publikumsmagnet. Es thront hoch über dem See und der pittoresken Altstadt und lädt im angrenzenden Schlossgebiet zu Spaziergängen auf breiten Alleen. Die vielen Gebäude, zwischen dem 17. und 19. Jh. entstanden, machen das Schlossgebiet zu einer der schönsten Schlossanlagen Schleswig-Holsteins. Seit 2006 wird sie durch die gemeinnützige Fielmann-Akademie betrieben, die hier jährlich mehr als 6.000 Augenoptiker schult.

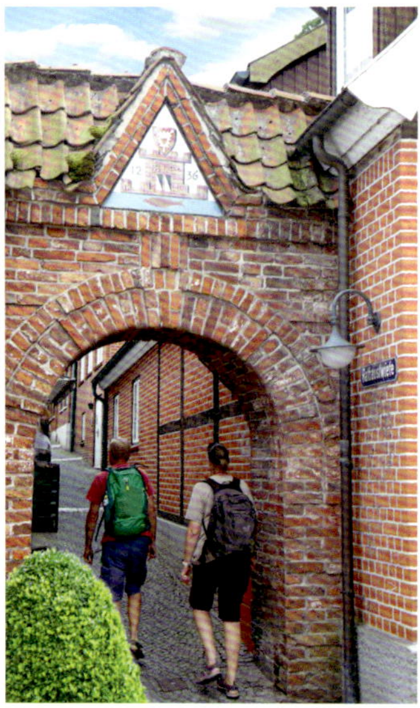

Beim Schlendern durch die schmalen Gassen, auch Twieten genannt, fühlt man sich in längst vergangene Jahrhunderte zurückversetzt. Damals waren diese Twieten Verbindungswege, um im Brandfall das Wasser zum Löschen aus dem nahen See ins Zentrum der dicht von Häusern bestandenen Altstadt zu bringen.

Veranstaltungen: ***Jazz-Festival am See*** (*Mai*); ***Stadt-Bucht-Fest*** mit Drachenboot und Kutterrennen sowie Bühnenprogramm (*Juni/Juli*); ***Plöner Kulturnacht*** mit Musik, Tanz, Akrobatik, Kabarett, Lesungen, Theater (*September*); **Plöner Schlosskonzerte** (*ganzjährig*).

Tourist-Info Großer Plöner See, Bahnhofstraße 5, 24306 Plön, Tel. (04522) 509 50, www.holsteinischeschweiz.de/ploen

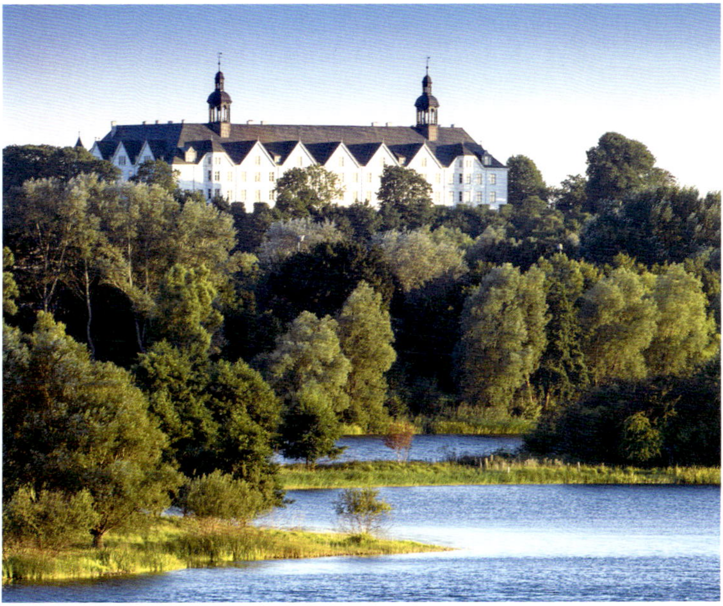

Das Plöner Schloss gehörte einst dem dänischen Königshaus. In dieser Zeit wurde das Ziegelgebäude mit weißem Putz versehen.

Nach der Umtragung findet sich der Paddler in einer kurzen und im Sommer häufig flachen Fließstrecke wieder, die gleich darauf in die kleinen städtischen Seen ***Schwanensee*** und ***Stadtsee*** führt. Für die Durchfahrt zum ***Kleinen Plöner See*** hält man sich im Folgenden links.

Diese Strecke ist etwas kürzer als die Variante und eigentliche ***„Schwentine-Route"*** zur ***Prinzeninsel*** (*siehe Kasten Seite 52*), der auch die Kilometrierung folgt.

Es existiert eine weitere Verbindung vom ***Schwanensee*** über den ***Trentsee*** in den ***Trammer See*** (*schöne Badestellen, Rundwanderung*). Dieser motorbootfreie See mit seinem fast acht Kilometer langen Ufer darf jedoch nur von Anliegern und deren Hausgästen befahren werden. Im Frühjahr/Sommer (*Mär-Jul*) können nördlich des Trammer Seeufers in **Rathjensdorf** (*östlicher Ortsrand am Schulwald*) von einer Plattform, die von der Projektgruppe Seeadlerschutz in Schleswig-Holstein eingerichtet worden ist, ***Seeadler*** an ihrem Horst ***beobachtet werden***.

Haus am See (FeWo am Trammer See)
(04522) 23 10

Seeadler-beobachtung

Variante „Schwentine-Route“ zur Prinzeninsel

Großer Plöner See – km 21,7 / 31,6

Bei gutem Wetter lohnt es sich dem Ufer des ***Großen Plöner Sees*** nach Süden zu folgen und nicht gleich in den ***Kleinen Plöner See*** zu fahren.

Bald geht es unterhalb des prachtvollen, weißen Plöner Schlosses entlang, das schon von Weitem auf einem Hügel über der Stadt auszumachen war. Dann passiert man das kleine Eiland ***Sterin***. Auf den Erlen der Insel sind regelmäßig große Gruppen von Kormoranen in den Ästen zu beobachten. Das ist durchaus auch zu riechen, denn die Vögel hinterlassen am Fuß der Bäume ihren weißen, säurehaltigen Kot.

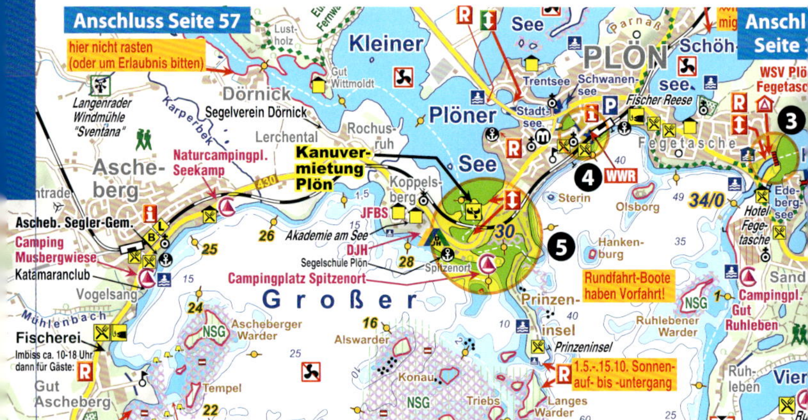

Großer Plöner See – km 23 / 30,3

Entlang des schönen Uferwaldes mit seinen Eschen, Erlen und Ahornbäumen, deren Stämme sich zuweilen über das Wasser neigen, kommen wir in eine von Schilf gesäumte Bucht. Ganz rechts in der Ecke finden wir, etwas versteckt, einen kleinen Kanal, der die ***Prinzeninsel*** vom Festland trennt und sie erst zur Insel macht.

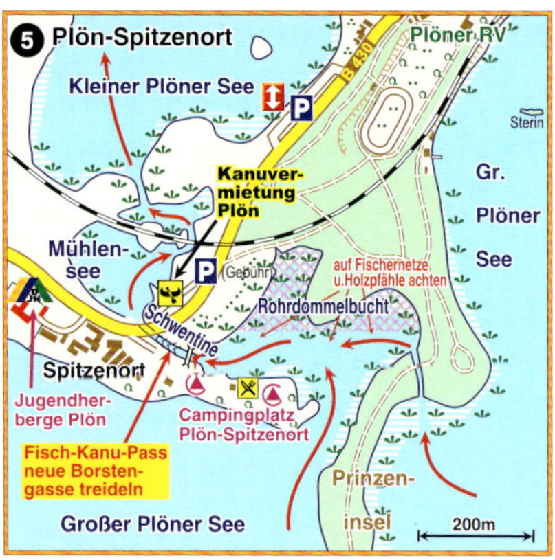

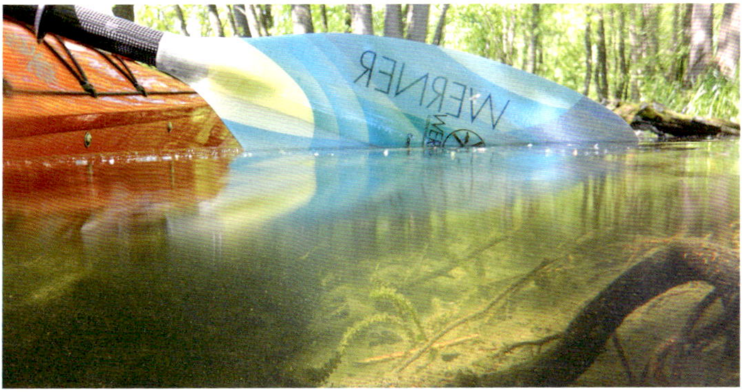

Besonders zur Sommerzeit, wenn das grüne Blätterdach den engen Wasserlauf überspannt, wirkt diese mitunter bei Niedrigwasser flache Durchfahrt (*eventuell muss man unter der kleinen Brücke aussteigen und kurz treideln*) sehr romantisch.

Nach dem Kanal finden wir uns in der rundum verschilften ***Rohrdommelbucht***. Leider hört oder sieht man ihren Namensgeber – die Rohrdommel brütet im Schilf und lässt einem Dampfer ähnliches Tuten erschallen – heutzutage höchstens einmal als versprengten Wintergast. Trotzdem darf der rechte Teil der flachen Bucht (*Achtung versteckte Holzpfähle im Wasser!*) nicht befahren werden, denn hier ziehen Haubentaucher, Blesshühner und viele Entenarten ihre Küken groß. Nicht selten führen sie dem Wasserwanderer stolz ihre Jungen vor, wenn dieser sich leise eine Weile treiben lässt.

Großer Plöner See – km 24,3 / 29

In der ***Rohrdommelbucht*** könnte man links wieder auf den ***Großen Plöner See*** hinauspaddeln. Hier befindet sich gleich rechts der herrlich auf einer Halbinsel gelegene *Natur-Campingplatz Spitzenort*. Ideal für eine Übernachtung, bietet er doch mit seiner Gaststube, die Holsteiner Küche serviert, und dem kleinen SB-Markt Unabhängigkeit von dem knapp 2 km entfernten **Plön**. Den 120 m^2 großen beheizten Außenpool werden nicht nur Kinder an kühlen Tagen zu schätzen wissen.

Eine Alternative ist 500 Meter weiter die vom Wasser aus erreichbare *Jugendherberge*.

Natur-Camping Spitzenort
(04522) 27 69

Jugendherberge Plön
(04522) 25 76

km 23,6 / 29,7

Borstengasse
treideln, evtl. fahrbar
s. Detailkarte 5

Wir folgen der ***„Schwentine-Route"*** und halten uns in der ***Rohrdommelbucht*** Richtung Westen, die Halbinsel mit dem Campingplatz links liegen lassend. In der nächsten Engstelle wurde das *ehemalige Wehr* zu einer Sohlgleite mit *Borstengasse* umgebaut, die bei Hochwasser mit flotter Strömung aufwartet, aber trotzdem leicht zu befahren ist. Alternativ ermöglicht uns ein *Treidelsteg* das Kanu an der Leine bis unter der Straßenbrücke der B 430 hindurch über den Borstenpass zu führen.

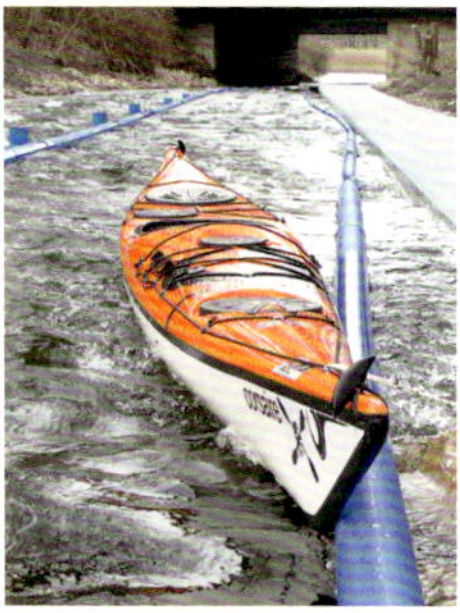

Hier kann auch das Kanu gut eingesetzt und eine Tour begonnen werden *(Navi: Ascheberger Str. 6, 24306 Plön)*. Rechts neben dem Steg liegt die ***Kanuvermietung Plön.***

Kanuvermietung Plön
(04522) 41 11

Wir durchpaddeln den winzigen ***Mühlensee***, halten uns scharf rechts und gelangen unter der Bahnbrücke hindurch in den nördlichen Teil des ***Mühlensees***, das nächste verschilfte Kleinod, das wir nach links über eine weitere schmale Durchfahrt verlassen.

km 24,3 / 29

Nun hat auch die ***„Schwentine-Route"*** den buchtenreichen ***Kleinen Plöner See*** erreicht, der wieder etwas exponierter ist. Treten stärkere Südwestwinde auf ist zu empfehlen, sich ans Westufer zu halten. Er ist eingebettet in eine bezauberne Landschaft, strahlt viel Ruhe aus und macht Lust ihn mit dem Kanu zu entdecken.

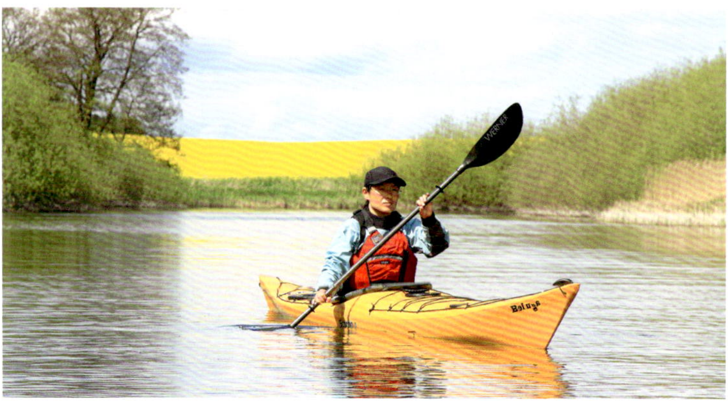

Die Zeit der Rapsblüte ist für viele Paddler die schönste Urlaubszeit

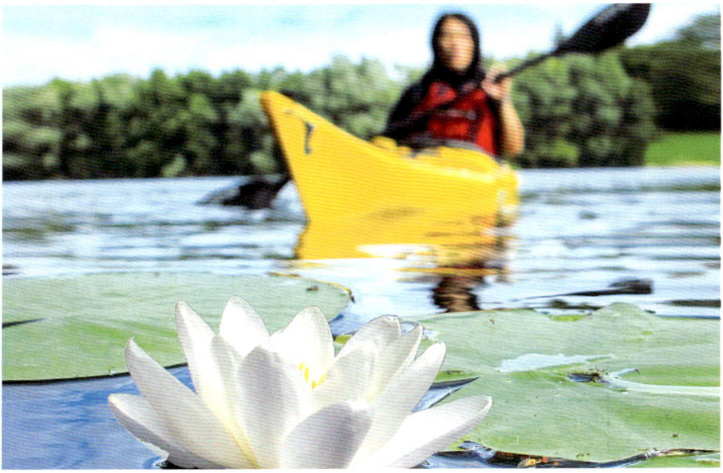

Die Blütezeit der See- und Teichrosen kündet vom Hochsommer

Die ***„Abkürzer-Route“,*** die über ***Schwanen***- und ***Stadtsee*** in den ***Kleinen Plöner See*** geführt hat, stößt wieder dazu.

km 26,3 / 27

Nordwestwärts verjüngt sich der ***Kleine Plöner See*** zu einem schlanken schmalen See, im Frühsommer bringen Rapsfelder Farbe in die Landschaft. Auf ihnen konkurrieren solitäre, uralte Eichen um den schönsten Baum, davor wechseln sich verschilfte Ufer mit Wiesen und langen Reihen aus Hainbuchen ab. Rechts liegt *Gut Wittmoldt*. Sowohl Einzelpaddler als auch Gruppen bis 22 Personen sind herzlich willkommen hier zu nächtigen.

Gut Wittmoldt (B&B)
(04522) 12 63
0170-738 68 72

Einen besonderen, auch historischen Reiz, hat die hier 1756 durch Aufschüttung eines Damms entstandene Halbinsel auf der das im Stil des Historismus erbaute ***Gutshaus Wittmoldt*** *steht. Abseits großer politischer Entwicklungen lebte von 1797 bis 1799 der französische General Gilbert Motier de Lafayette an diesem Ort, Teilnehmer am Amerikanischen Unabhängigkeitskrieg und Aufklärer, der eine wichtige Rolle in der Französischen Revolution spielte.*

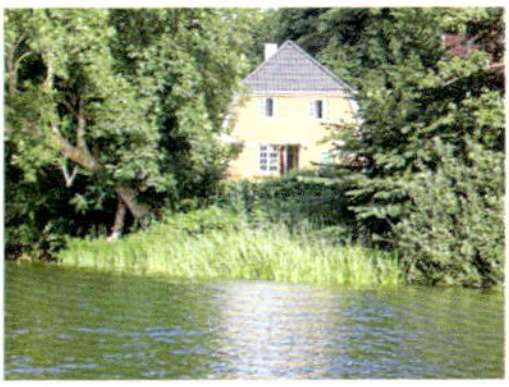

In der heutigen Gutshofanlage mit Ferien- und Gästehäusern wird viel geboten – therapeutisches Reiten, Fortbildungsseminare oder Veranstaltungen zu den Themen Gesundheit, Tanz, Malerei, Literatur und Musik.

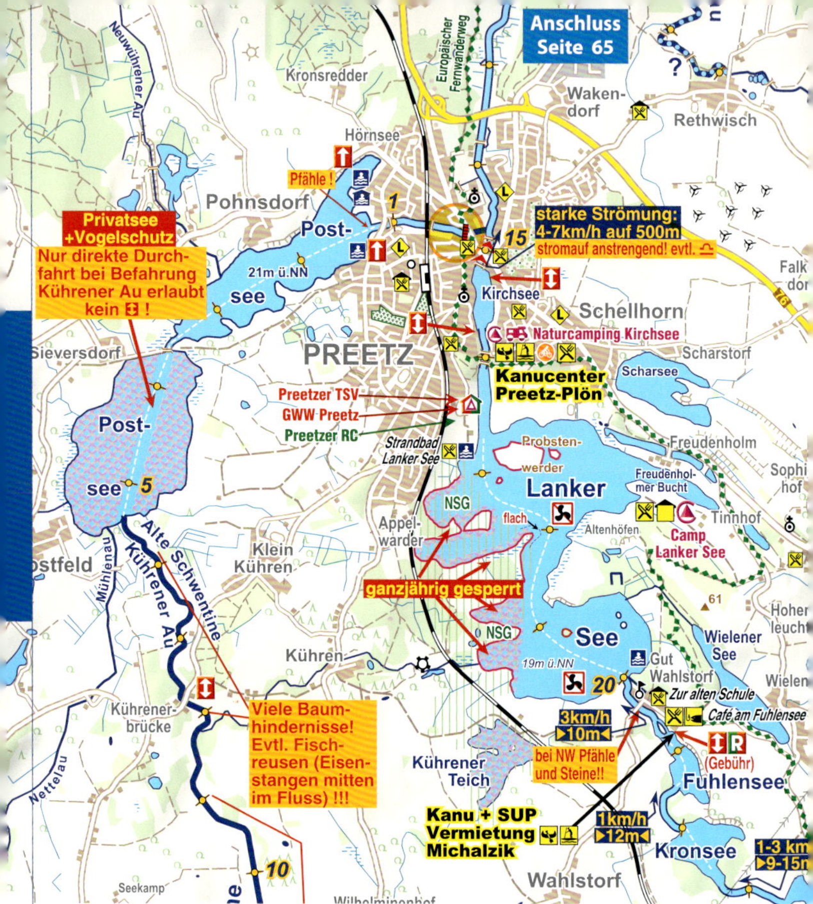

km 28,3 / 25 Zwei Kilometer weiter taucht die liebevoll angelegte und sehr gepflegte *Badestelle* des kleinen Dorfes **Wittmoldt** auf. Paddler sind willkommen um zu *rasten* und zu *baden*, solange sie rechts am kleinen Steg anlegen und nicht an der Badebrücke. Dies ist kein Übernachtungsplatz und ein Einsetzen von Booten ist ebenfalls nicht gestattet.

km 29,8 / 23,5 Der See verengt sich abrupt und wird wieder zum Fluss, der sich aber immer mal wieder seeartig erweitert. Durch ein leicht eingeschnittenes Tal paddelt man nun mit etwas Strömung durch einige Kurven in einer von Kühen bestandenen lieblichen Auenlandschaft mit überhängenden Bäumen, bis man nach etwa einem Kilometer im einsamen ***Kronsee*** landet. Es lohnt, den Blick in die oberen Äste der umstehenden hohen Pappeln zu werfen, denn nicht selten kann hier der Seeadler beobachtet werden.

km 32,5 / 20,8

Jenseits des Sees folgt erneut ein kurzer aber schöner Fließabschnitt der bald im ***Fuhlensee*** endet. Rechterhand lockt in **Wahlstorf** bei *Fischer Bock* (*Angelschein*) das *Café am Fuhlensee* zur Einkehr. Daneben vermietet Familie *Michalzik Kanus* und *SUP-Boards.* Das Ein- und Aussetzen über den Parkplatz des Cafés und das Parken ist gegen eine Gebühr möglich *(Navi: Lindenallee 2, 24211 Wahlstorf)*.

Fischer Bock, Café am Fuhlensee
(04342) 812 73

Kanu+SUP-Vermietung
(04342) 812 73

Für eine Übernachtung wäre es mit dem Bootswagen auf der Straße nach links ein „Katzensprung" zum *Landgasthof „Zur Alten Schule"* – rustikale Küche, lauschiger Biergarten, saubere Zimmer. *Schon 1773 wird ein „Schulhaus vor dem Hofe liegend" erwähnt.*

(250m)
Landgasthof Zur Alten Schule
(04342) 787 55 07

km 33,1 / 20,2

Die ***Schwentine*** wird wieder zum Fluss und wir passieren das rechts gelegene **Gut Wahlstorf,** *eine der schönsten Gutsanlagen des Landes – das imposante Herrenhaus geht auf eine Wasserburg des späten 15. Jahrhunderts zurück.* Der ehemalige „Burggraben" kann heute noch bei extremem Hochwasser mit dem Boot umrundet werden.

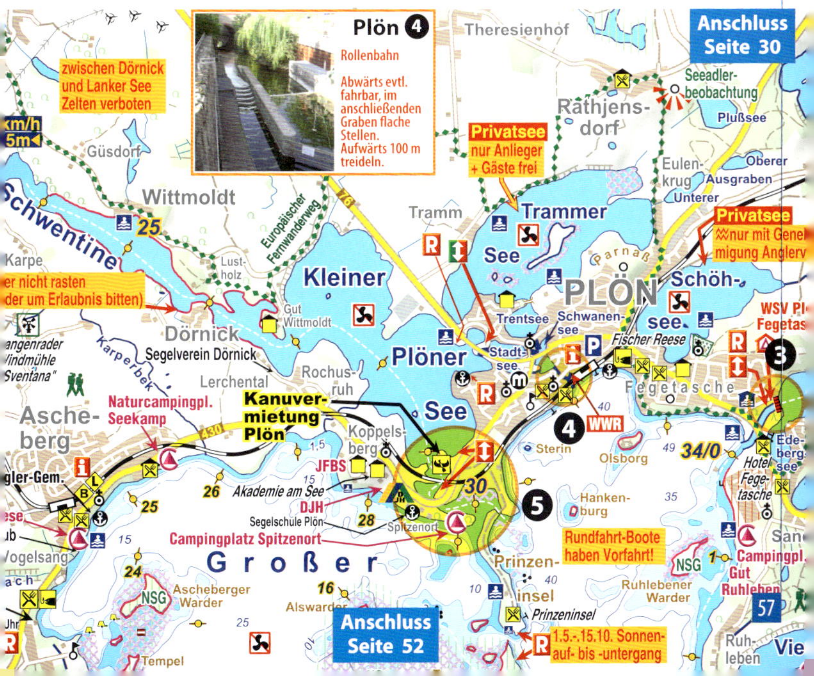

km 33,3 / 20 Die ***Schwentine*** entlässt den Paddler in den verschachtelten ***Lanker See.*** Traumhaftes Seenpaddeln steht uns bevor. Seine Buchten und Inseln machen das Navigieren etwas unübersichtlich. Trotz seiner zerfledderten Form findet der Wind Angriffsflächen; außerdem muss die Wellenbildung im Auge behalten werden.

NSG Die Buchten und Halbinseln auf der westlichen Seeseite, sowie alle Inseln sind aus ***Naturschutzgründen*** gesperrt und dürfen weder befahren noch betreten werden.

Mit Blick auf die hübsche *Badestelle* von **Wahlstorf** rechts, nehmen wir Kurs auf die kleine, mit knorrigen Erlen und Weidendickichten bestandene Insel, passieren diese links und gleiten dann in eine sich verengende Seefläche. An beiden Ufern dehnen sich weite Schilfflächen aus, über denen Seeadler und Rohrweihen kreisen.

i *Nach dem Großen Plöner See ist der **Lanker See** das zweitwichtigste Brutgewässer Schleswig-Holsteins. Wer Glück hat, dem schwimmt der seltene Rothalstaucher (Foto unten) mit der roten Brust- und Halspartie und dem gelben Schnabel über den Weg, der sich auf der „Roten Liste gefährdeter Arten" befindet. Er ernährt sich gerne von Wasserinsekten, Larven, Schnecken und Fröschen, im Winter stehen auch Fische auf seinem Speiseplan.*

Die vier Halbinseln auf der Westseite des Sees sind Teil eines Naturschutzgebietes, dessen Kernflächen schon 1938 ausgewiesen wurden. Geschützt wird ein Habitat aus einem Mosaik urwaldartiger Flächen, verschilften, flachen Ufern und beweideten Wiesen. Auch Kraniche kann man mitunter beobachten, meist aber sind nur ihre trompetenden Rufe zu hören.

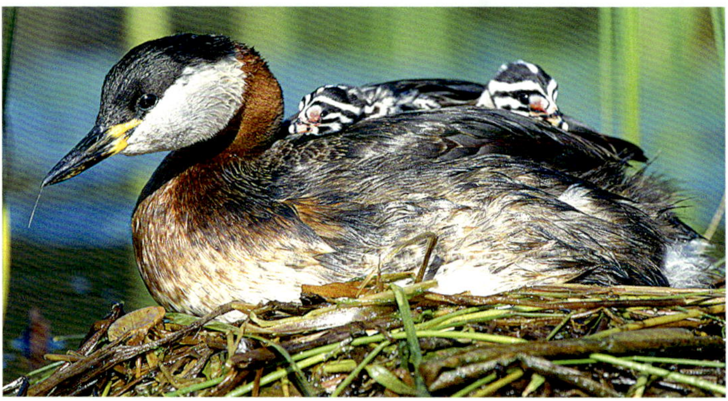

Nach rund zwei Kilometern auf diesem herrlich ruhigen See biegen wir rechts ab und folgen der Uferlinie in östliche Richtung. Am Ende der ***Freudenholmer Bucht*** liegt, etwas versteckt, der schöne *Campingplatz „Camp Lanker See"* (*Zelt + Woodlodges*), der auch größere Gruppen aufnehmen kann.

km 35,3 / 18

Camp Lanker See
(04342) 815 13

Wer nicht dort übernachten will, lässt die ***Freudenholmer Bucht*** rechts liegen und quert den See nach Nordwesten. Die Seefläche verbreitert sich zunächst noch einmal und voraus versperren Inseln den freien Blick auf die Durchfahrt nach **Preetz**. Der kürzeste Paddelweg führt links an der kleinsten Insel vorbei.

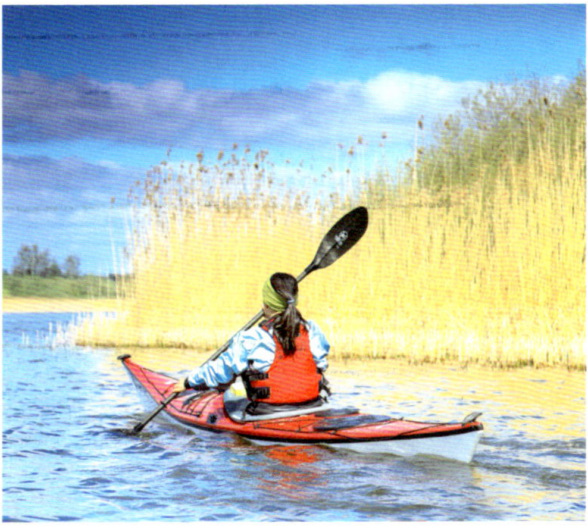

Der Lanker See wartet mit vielen Schilfflächen auf

Hinter dem Eiland und dem links liegenden *Strandbad Lanker See* (*Café 10-18*) mit dem abgetrennten Nichtschwimmerbereich und dem Schwimmsteg verengt sich der See wieder und wird zu einem schmalen Schlauch. Im Frühsommer kann man hier hervorragend baden. Im Spätsommer neigt der in großen Teilen ziemlich flache ***Lanker See*** dazu, sich schnell zu erwärmen und somit leider zu einer ausufernden Algenbildung.

Gleich zwei Paddelvereine mit jeweils eigenem Steg können 500 Meter nach der Badestelle angelaufen werden. Beide bieten auf Nachfrage eine Übernachtungsmöglichkeit an. Der *Preetzer Turn- und Sportverein* mit dem *Kanuheim,* in dem man vorzüglich essen kann, befindet sich am hinteren Steg. Hier bietet sich auch die Möglichkeit die Boote ein- und auszusetzen und das Auto abzustellen *(Navi: Castöhlenweg 1, 24211 Preetz).*

km 36,9 / 16,4

Preetzer TSV Kanuabteilung
0171-214 39 58

Kanuheim
(04342) 48 49
Di-Sa ab 17, So 12-14

Die Gemeinschaft der *Wasserwanderer (GWW) Preetz* (*Zeltmöglichkeit*) gehört zum ersten Steg. Der Eingang zum Grundstück ist etwas versteckt hinter einer Hecke.

GWW Preetz
(04342) 79 93 62

km 37,5 / 15,8 Rund 200 Meter hinter einer weißen Fußgängerbrücke, die den sich kurz verengenden ***Schwentinelauf*** überspannt, gelangt man in den ***Kirchsee***.

Kanucenter Preetz – Plön & Naturcamping Kirchsee
(04342) 30 95 49
Gaststätte
Di Ruhetag

Am rechten Ufer ragt der Steg des *Kanucenters & Naturcamping Kirchsee* aus dem Schilf, das einen umfassenden Service anbietet. Wasserwanderer erhalten für eine Nacht im Zelt einen Sondertarif und der Bauwagen „nach Peter Lustig" bietet eine feste Unterkunft (*buchbar ab zwei Nächten*). Neben *Kanus und SUPs* gibt es auch *Mietfahrräder* um die hübsche Gegend zu erkunden oder das Auto nachzuholen. Im lauschigen Biergarten oder in der *Gaststätte Bootshaus „Kanu – Cafè & mehr"* wird deftige Holsteinische Küche serviert.

km 38,1 / 15,2 Möchte man dagegen der Innenstadt von **Preetz** nur einen kurzen Besuch abstatten, legt man am Ende des Sees auf der rechten Uferseite an. Hinter der stählernen Fußgängerbrücke befindet sich gleich links die sehr gemütliche *„Preetzer Caféstuben"* in einem Patrizierhaus von 1630 mit romantischem Garten, an dem Gäste auch direkt anlegen können.

Preetzer Caféstuben
(04342) 98 21
Mo Ruhetag

Heimatmuseum Preetz
(04342) 18 88
Mi,Sa,So 15-17

Für einen Besuch der „Schusterstadt" folgt man dem rechten Uferpromenadenweg und gelangt nach rund 300 Metern über die stählerne Fußgängerbrücke zum Marktplatz.

*Schon über viele Jahrhunderte blühte hier das **Schuhmacherhandwerk**. Im späten 19. Jahrhundert kamen auf 4.600 Einwohner 160 Schuhmachermeister, 360 Schuhmachergesellen und 160 Schuhmacherlehrlinge. Klar, dass die Schusterwaren weit über die Stadtgrenzen hinaus verkauft wurden. Heute erinnert die Skulptur eines Schusterjungen an diese Zeit, ebenso wie das jährlich stattfindende Schusterfest. Rund um den schönen Marktplatz finden sich vielfältige Einkehrmöglichkeiten von der Dönerbude bis zum Restaurant.*

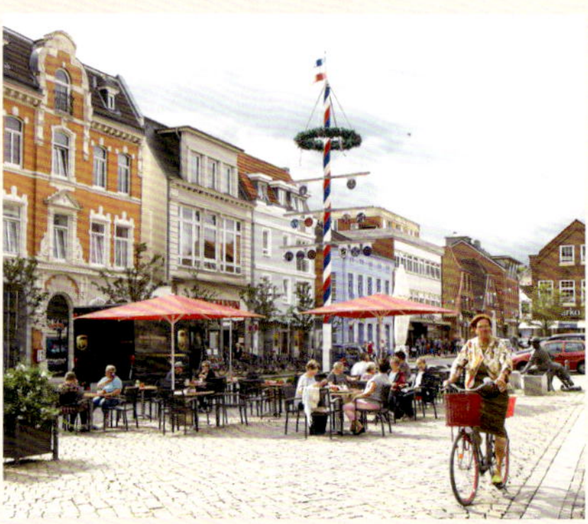

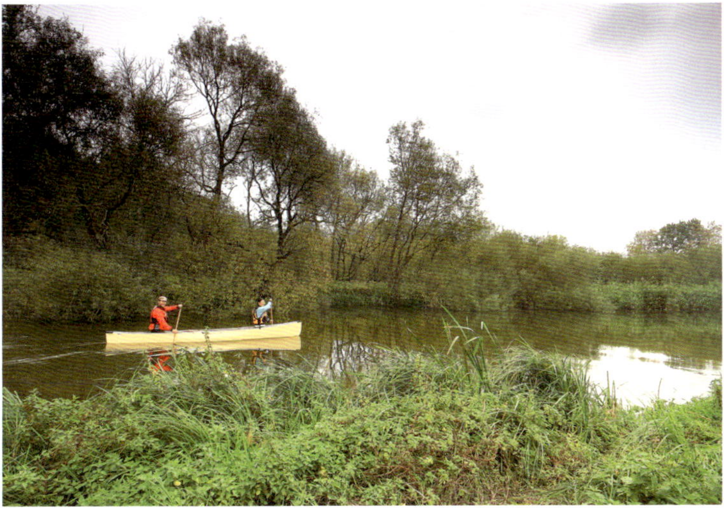

Anfangs gemächlich, später etwas flotter, strömt die Schwentine auf das Gut Rastorf zu

Im Anschluss an die stählerne Fußgängerbrücke wird die ***Schwentine*** kurzzeitig ungewöhnlich *flott*. Hier ist die einzige Stelle, die unerfahrenen Paddlern Probleme bereiten kann, wenn sie gegen die Strömung paddeln wollen. Für den Stromauffahrenden befinden sich links Seile, an denen man sich gegebenenfalls mit dem Boot stromauf ziehen kann. **km 38,3 / 15**

Die ***Schwentine*** schiebt uns jetzt durch die letzten grünen Ausläufer der Stadt, vorbei an der von links zufließenden ***Kührener Au*** (s. Seite 92).

Links, etwas versteckt hinter Bäumen, erstreckt sich nun das ***Adelige Kloster Preetz,*** *das 1216 durch Albrecht von Orlamünde zu Ehren der Jungfrau Maria und Johannes des Täufers gestiftet wurde. Ritterliche Familien und wohlhabende Lübecker Bürger ließen hier ihre Töchter im Benediktinerinnen-Konvent ausbilden.* Ein Betreten ist vom Wasser aus nicht möglich, sondern nur von der Preetzer Innenstadt.

Hinter der Brücke der Bundesstraße strömt der Fluss durch eine flache Wiesenlandschaft in der Highland Rinder weiden. Auch dichter Wald zieht sich mitunter bis an den Fluss heran.

km 42,6 / 10,7 Am **Gut Rastorf** (*privat*) aus dem 14. Jh., das auf einen Rittersitz mit einer Wasserburg zurückgeht, spannt sich eine weitere Fußgängerbrücke über den heiligen Fluss der Slaven. Hier teilt sich die ***Schwentine*** in zwei Arme.
links fahren Wir *bepaddeln den linken Abzweig*, da der rechte aus
NSG *Naturschutzgründen* nicht befahren werden darf.

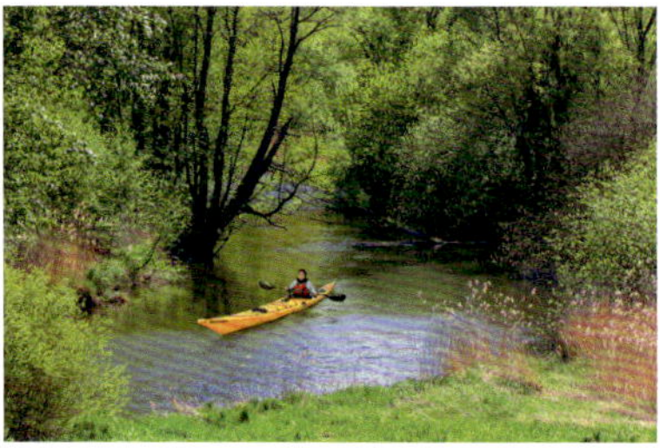

Die „grüne Hölle" die jetzt folgt, besteht aus Auwald und Buchenmischwald an den höher gelegenen Hängen, oft von einem weißen Teppich aus Buschwindröschen bedeckt. Dieser Abschnitt ist einer der einsamsten und vielleicht schönsten Fließabschnitte auf der gesamten ***Schwentine*** und ein enormer Paddelgenuss, besonders im Frühjahr, wenn die Blätter der Bäume im frischen Grün ersprießen und das vielstimmige Vogelkonzert aus dem Wald schallt. Schön ist es hier zu jeder anderen Jahreszeit auch. Aufmerksame Beobachter nehmen häufig das schrille Pfeifen des Eisvogels wahr. Oft schießt dieser dann einen Moment später als blauer Blitz mit seinem metallen gefärbten blau-orangenen Gefieder am Paddler vorbei.

km 43,9 / 9,4 Der Fluss beschreibt bald eine 180-Grad-Schleife und bildet die beliebte ***Halbinsel „Am Weinberg"***, wo man hervor-
R ragend im offenen Buchenwald eine *Rast* einlegen kann.

Im Anschluss staut sich das Wasser zu dem Anfang des 20. Jh. künstlich angelegten ***Rosensee*** hin, um mit zwei Wasserkraftwerken die Howaldt Werft in Kiel mit Strom zu versorgen. *Damit Fische, wie z.B. Meerforelle und Lachs, von der Ostsee aus wieder in ihre Laichgründe aufsteigen können, wurden unlängst die Kraftwerke mit Aufstiegshilfen versehen. Mit einer Art Wendeltreppe dem sogenannten **„Helix-Fischturm"** ist der Bau am zweiten Kraftwerk besonders innovativ.*

km 45 / 8,3 Der stellenweise extrem flache Stausee ist auch ein guter
P ↕ Endpunkt für alle, die in **Schwentinental** (Ortsteil **Raisdorf**) die Tour am linken Ufer neben der Autobrücke der B 202 beenden möchten, wo man auch gut parken kann. *(Navi: Lütjenburger Str., 24211 Rastorf).*

Am Ende des Sees liegt auf der linken Seite der *Raisdorfer Kanu-Klub,* dann ist das erste *Wasserkraftwerk II* erreicht.

Hier beginnt eine *1,7 km – 2 km lange Portage* mittels Bootswagen. Dabei schiebt man an beiden Kraftwerke vorbei. Der kurze Gewässerabschnitt zwischen beiden Kraftwerken ist *Naturschutzgebiet* und *darf nicht bepaddelt werden*! Unterwegs passiert man den ***Schwentinepark*** mit *Freibad* und dem frei zugänglichen 40 Hektar großen ***Wildpark Schwentinental*** mit Vogelhaus, Wildgehege, Abenteuerspielplatz und *Imbiss*. Der ebenfalls an der ***Rastorfer Mühle*** liegende Obstbaubetrieb *„Obstquelle"*, mit Ⓛ Hofladen, bietet neben Obst und Säften viele andere landwirtschaftliche Produkte aus der Region.

km 46,6 / 6,7

Raisdorfer Kanu-Klub
(0431) 69 81 29

Umtragung
1,7–2 km
Bootswagen erforderlich
s. Detailskizze ❻

Hofladen Obstquelle
Mi+Do+Fr 11-18
Sa+So 10-17

An der dritten Brücke wechseln wir auf die rechte Flussseite und setzen an der ersten *Einsetzstelle* nach 1,7 km Portage am Steg wieder ein.

Nach ein paar hundert Metern Fahrt wartet das beliebte Ausflugslokal *Oppendorfer Mühle* auf Gäste. Hier, nach 2 km Umtragung, ist auch ein *Einsetzen* der Boote möglich *(Navi: Möhlenweg 9, 24232 Schönkirchen).*

km 48,3 / 5

Umtragung Ende

Oppendorfer Mühle
(04348) 16 28
Mi Ruhetag

Ein Stück weiter passieren wir den Anleger der Ausflugsschifffahrt Schwentinetalfahrt und achten auf dem schmalen Fluss auf entgegenkommende Motorboote. Wir paddeln jetzt mit merklicher Strömung auf der tief in die Landschaft eingeschnittenen ***Schwentine***, die beidseitig von schönem Wald gesäumt wird. Die Chance erneut Eisvögel zu entdecken ist groß, denn ihre Niströhren verstecken sich in der steilen Uferböschung. Überhängende Bäume strecken uns ihre Äste entgegen, die mitunter umkurvt werden wollen.

Einige Flussbiegungen später teilt sich die ***Schwentine*** wieder in zwei Arme auf. Die Insel dazwischen ist Brutplatz von Gänsen und Enten, bietet aber auch vielen Singvögeln einen Lebensraum. Aus den Kronen alter Erlenbäume ist das Hämmern der Spechte zu vernehmen. Wir können sowohl links als auch rechts paddeln. Der Durchstich rechts ist kürzer. Kurz vor Zusammenfluss der beiden ***Schwentinearme*** stößt man im linken Flussarm auf das Gelände der *Kanuabteilung* des *TSV Klausdorf*, wo auf Nachfrage gezeltet werden kann.

km 49,8 / 3,5

TSV Klausdorf
0152-528 946 39
(0431) 796 53

km 50,3 / 3 Die verbleibenden 3 Kilometer bis **Kiel-Wellingdorf** sind angesichts der nahen Landeshauptstadt überraschend wild. Das liegt wohl auch an den sumpfigen Ufern.

Man staunt nicht schlecht, wenn man auf den ins Wasser ragenden Baumleichen Schildkröten entdeckt. Doch auch Ringelnattern lassen es sich gerne in der Sonne gutgehen. Manchmal schwimmen die harmlosen Schlangen, die am Hinterkopf zwei gelbe Male haben, sogar neben dem Kanu her. Irgendwann dringt dann doch der Stadtlärm von **Kiel** durch die dichte Vegetation. Die hoch über dem Fluss schwebende Eisenbahnbrücke zeigt an, dass die Reise auf der ***Schwentine*** bald zu Ende ist.

km 53,1 / 0,2 Die bald folgende breite Autobrücke der B 502 zwischen den Kieler Ortsteilen **Wellingdorf** und **Dietrichsdorf** *(Navi: Scharweg 7, 24149 Kiel)* eignet sich hervorragend um *auszusetzen* und die Boote an Land zu bringen. Dazu legt man am flachen rechten Ufer unter der Brücke an hier kann auch gut geparkt werden.

km 53,3 / 0 Unmittelbar hinter der Brücke rechts, kurz vor dem *Wehr,* besteht in der *DKV-Kanustation* bei der *Ellerbeker Turnvereinigung* oberhalb des Schwimmstegs für Einzelwanderer und kleine Gruppen die Möglichkeit auf einer ca. 200 qm großen Rasenfläche zu zelten. Auch ein Sanitärraum mit WC und Dusche steht zur Verfügung.

Ellerbeker Turnvereinigung
(0431) 240 62 00
0151-425 299 70
(vorher anmelden)

Zur **Kieler Innenstadt** fährt man am besten mit dem Bus der Linien 11 / 100 (*Haltestelle Wellingdorf*) – gleich südlich der Brücke, in knapp 20 Min. zum Hauptbahnhof.

Tourende

Wer noch nicht genug hat, salzwassererfahrener Seekajak-Paddler ist und sich mit den Regeln der Seeschifffahrtsstraßen auskennt, der kann die Reise fortsetzen. Es eröffnen sich auf der ***Ostsee*** endlose weitere Tourenmöglichkeiten. Man hält sich mit Blick auf die vor einem liegende *Ausflugsschifffahrt & Bootsvermietung „Schwentinetalfahrt"* am *Wehr* ans linke Ufer und schiebt das Seekajak über die *Bootsgasse* in die ***Kieler Förde.*** Diese beginnt zunächst harmlos als schmaler Hafen. Dann, um die Ecke, warten in der ***Kieler Förde*** Wind und Wellen, welche Paddler leicht in Schwierigkeiten bringen können. Hinzu kommen die Wellen der Schiffe und die Reflektionswellen der Spundwände, die das Paddeln weiter erschweren, selbst bei Windstille. *Unerfahrene Paddler sollten sich nicht verleiten lassen und besser der Ostsee fernbleiben.*

Umtragung
Bootsgasse
s. Detailkarte 7

Schwentinetalfahrt
(0431) 72 24 28

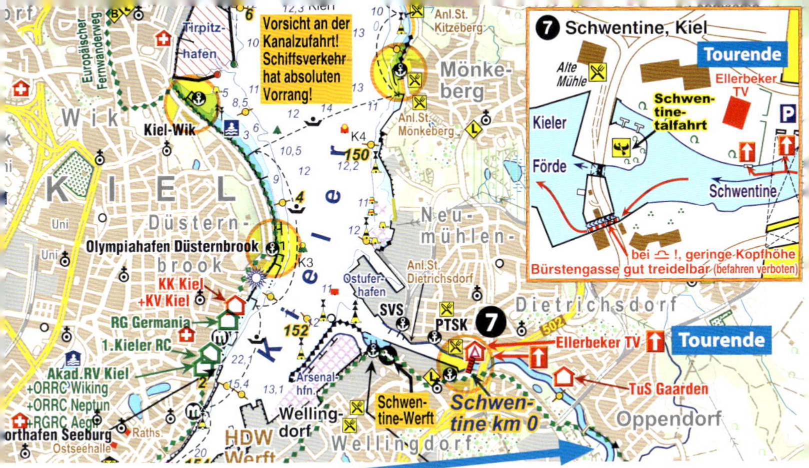

Vorsicht an der Kanalzufahrt! Schiffsverkehr hat absoluten Vorrang!
7 Schwentine, Kiel
Tourende
Alte Mühle
Ellerbeker TV
Schwen-tine-talfahrt
Kieler Förde
Schwentine
bei ⌂ !, geringe Kopfhöhe
Bürstengasse gut treidelbar (befahren verboten)
Anl.St. Kitzeberg
Mönkeberg
Anl.St. Mönkeberg
Tirpitz-hafen
Kiel-Wik
Europäischer Fernwanderweg
KIEL
Düstern-brook
Olympiahafen Düsternbrook
KK Kiel +KV Kiel
RG Germania
1.Kieler RC
Akad.RV Kiel +ORRC Wiking +ORRC Neptun
Nordhafen Seeburg
Ostseehalle
Raths.
Uni
Kieler
Neu-mühlen-
Anl.St. Dietrichsdorf
Ostufer-hafen
SVS
PTSK
Dietrichsdorf
Ellerbeker TV
Tourende
TuS Gaarden
Oppendorf
Arsenal-hfn.
Wellingdorf
HDW Werft
Schwen-tine-Werft
Schwen-tine km 0

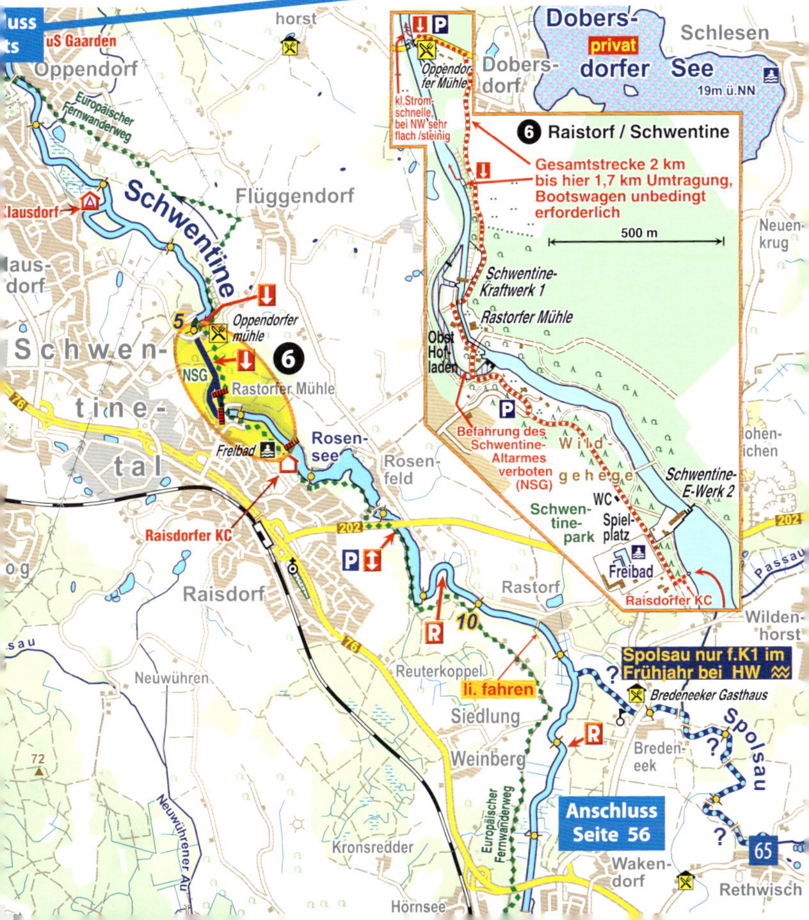

TuS Gaarden
Oppendorf
Europäischer Fernwanderweg
Klausdorf
Schwentine
Flüggendorf
Oppendorfer mühle
Rastorfer Mühle
NSG
Freibad
Schwen-tine-tal
Rosen-see
Rosen-feld
Raisdorfer KC
Raisdorf
Rastorf
li. fahren
Reuterkoppel Siedlung
Weinberg
Neuwühren
Neuwührener Au
Kronsredder
Hörnsee
Dobersdorf
Dobers-dorfer See
privat
19m ü.NN
Schlesen
Neuen-krug
6 Raistorf / Schwentine
Oppendorfer Mühle
kl.Strom-schnelle, bei NW sehr flach /steinig
Gesamtstrecke 2 km bis hier 1,7 km Umtragung, Bootswagen unbedingt erforderlich
500 m
Schwentine-Kraftwerk 1
Rastorfer Mühle
Obst Hof laden
Befahrung des Schwentine-Altarmes verboten (NSG)
Wild-gehege
Schwen-tine-park
WC
Spiel-platz
Freibad
Raisdorfer KC
Schwentine-E-Werk 2
Wilden-horst
Spolsau nur f.K1 im Frühjahr bei HW
Bredeneeker Gasthaus
Breden-eek
Spolsau
Anschluss Seite 56
Waken-dorf
Rethwisch

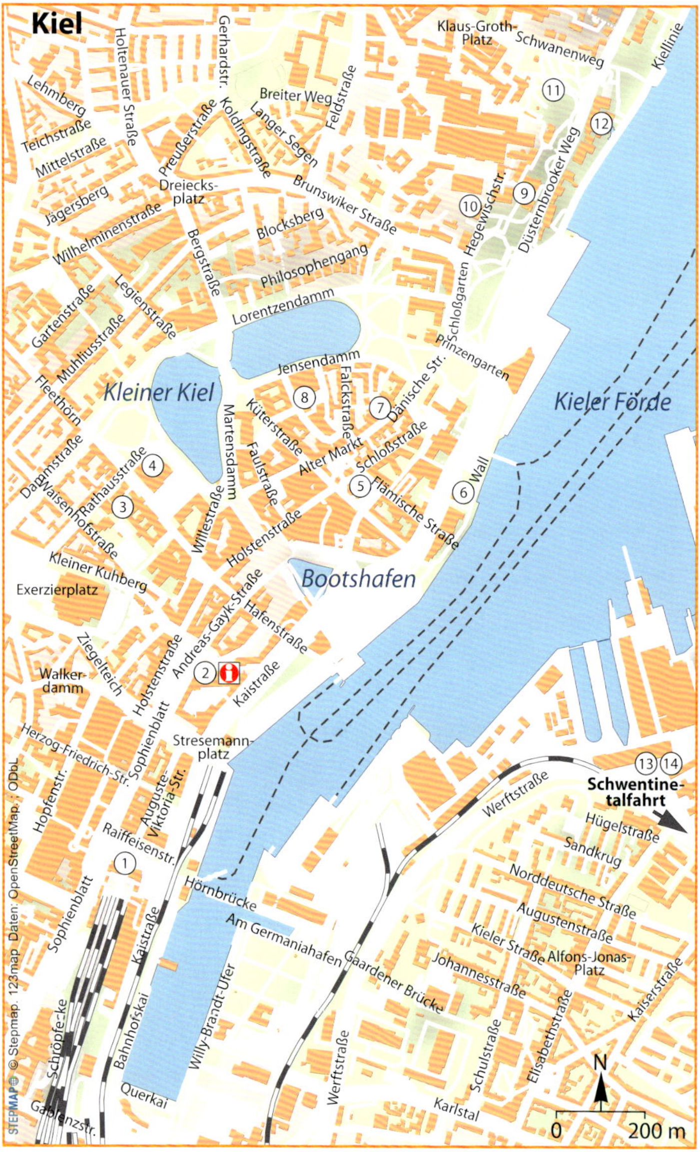
Kiel
Holtenauer Straße
Gerhardstr.
Klaus-Groth-Platz
Schwanenweg
Kiellinie
Lehmberg
Teichstraße
Mittelstraße
Jägersberg
Preußerstraße
Koldingstraße
Breiter Weg
Langer Segen
Feldstraße
Dreiecksplatz
Brunswiker Straße
Wilhelminenstraße
Bergstraße
Blocksberg
Philosophengang
Hegewischstr.
Düsternbrooker Weg
Schloßgarten
Lorentzendamm
Gartenstraße
Legienstraße
Muhliusstraße
Fleethörn
Kleiner Kiel
Jensendamm
Martensdamm
Küterstraße
Falckstraße
Dänische Str.
Prinzengarten
Kieler Förde
Alter Markt
Schloßstraße
Faulstraße
Wall
Flämische Straße
Dammstraße
Rathausstraße
Waisenhofstraße
Willestraße
Holstenstraße
Kleiner Kuhberg
Bootshafen
Exerzierplatz
Andreas-Gayk-Straße
Hafenstraße
Ziegelteich
Walkerdamm
Kaistraße
Herzog-Friedrich-Str.
Sophienblatt
Stresemannplatz
Auguste-Viktoria-Str.
Hopfenstr.
Raiffeisenstr.
Werftstraße
Schwentinetalfahrt
Hügelstraße
Sandkrug
Norddeutsche Straße
Augustenstraße
Hörnbrücke
Am Germaniahafen
Gaardener Brücke
Kieler Straße
Alfons-Jonas-Platz
Johannesstraße
Kaiserstraße
Willy-Brandt-Ufer
Bahnhofskai
Schröpferke
Querkai
Gablenzstr.
Werftstraße
Schulstraße
Elisabethstraße
Karlstal
N
0
200 m
1
2
3
4
5
6
7
8
9
10
11
12
13
14
STEPMAP © Stepmap, 123map Daten: OpenStreetMap, ODbL

(1) ***Hauptbahnhof.***

(2) ***Stadtgalerie Kiel.*** Gegenwartskunst und Kunst des 20. Jh., Sonderausstellungen überregionaler Künstler.

(3) ***Rathausturm.*** 1911 erbaut, 107 Meter hoch mit herrlichem Ausblick. Vorbild ist der Glockenturm des Markusdoms in Venedig.

(4) ***Opernhaus.*** Der backsteinrote Jugendstilbau beeindruckt mit reicher Verzierung.

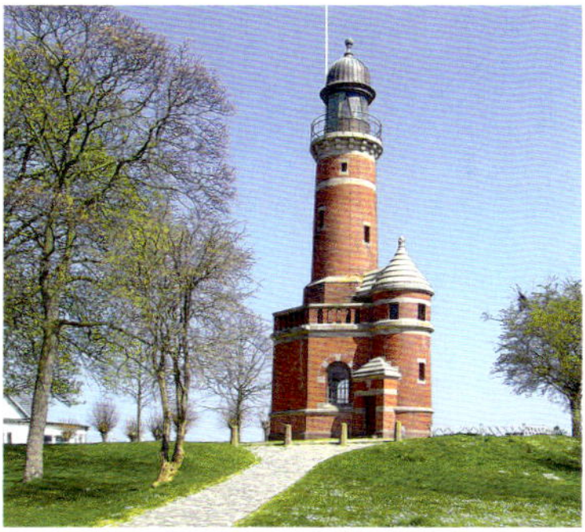

Der Leuchtturm Holtenau zählt zu den schönsten Leuchttürmen Deutschlands

(5) ***Sankt-Nikolai-Kirche.*** Kiels Hauptkirche ist das älteste erhaltene Gebäude. Ursprünglich 1242 als gotischer Hallenbau errichtet und immer wieder umgebaut, birgt es einige Schätze.

(6) ***Kieler Schifffahrtsmuseum.*** Mit diversen Schiffsmodellen, Instrumenten und Erfindungen wird die maritime Geschichte Kiels erzählt.

(7) ***Warleberger Hof mit Stadtmuseum.*** Einziger erhaltener Adelshof aus dem Jahre 1616. Auf 500 m^2 Ausstellungsfläche wird die Geschichte der Stadt präsentiert (Eintritt frei, *Di-So 10-18,* www.museen-am-meer.de).

(8) ***Die Pumpe.*** Denkmalgeschütztes Kultur- und Kommunikationszentrum in einem ehemaligen Pumpwerk (1929). Konzerte, Ausstellungen, Filme, Theater, Lesungen, Poetry Slams, usw. (www.diepumpe.de).

(9) ***Kunsthalle.*** Wechselnde Ausstellungen, verschiedener Stile, Epochen und Maler auf 2.000 m^2 (*Eintritt 7,-/4,-, Di-So 10-18,* www.kunsthalle-kiel.de).

(10) ***Zoologisches Museum.*** Ausstellungsstücke über Ozeane. Highlight ist die Walhalle mit dem Skelett eines Blauwals und eines Belugawals.

(11) ***Alter Botanischer Garten.*** 1825 als englischer Landschaftsgarten angelegt, von 1878-84 zum Botanischen Garten umgestaltet.

(12) ***Aquarium GEOMAR.*** Tier- und Pflanzenwelt der Ostsee und auch exotischere Gefilde (*Eintritt 3,-/2,-, tgl. 9-18,* www.aquarium-geomar.de).

(13) ***Industriemuseum Howaldtsche Metallgießerei.*** Ältestes erhaltene Beispiel für die Werftindustrieentwicklung am Ostufer der Kieler Förde mit komplett erhaltener Gießereiwerkstatt und einer „Demo-Kleingussanlage" (*geöffnet Mär-Okt So 14-16,* www.alte-giesserei-kiel.de).

(14) ***Computermuseum der FH Kiel.*** Entwicklung des Computers anhand von 300 Exponaten. Highlights: Rechner von 1958 und ein 1,6 Tonnen schwerer Computer (*Sa+So 14-18*).

Die Gründung der Stadt **Kiel** im Jahre 1235 als eine der nördlichsten Städte im Heiligen Römischen Reich geht auf Adolf IV. zurück, der in mehreren Kriegen gegen die Dänen erfolgreich war und die zeitweise von ihnen beherrschte Grafschaft Holstein zurückeroberte. Strategisch war die Stadt auf der Halbinsel eines Fördearms günstig gelegen, denn östlich der Schwentine war slawisches Gebiet und jenseits des Flüsschens Levensau das dänische Schleswig. Zwar lag im Mittelalter der Handel der inzwischen der Hanse beigetretenen Stadt deutlich hinter dem anderer Ostseehäfen zurück, doch konnte man das teilweise mit dem „Kieler Umschlag" wieder wettmachen. Dieser mittelalterliche Freimarkt, verbunden mit einem Volksfest, fand seit 1431 jährlich statt. Der zentrale Geld- und Warenmarkt wurde zu einer der wichtigsten Einrichtungen des Landes und existiert auch heute noch. Im Jahre 1867 wurde Kiel preußisch, nachdem es über 600 Jahre von Dänemark oder Dänemark eng verbundenen Herzögen und Grafen regiert worden war.

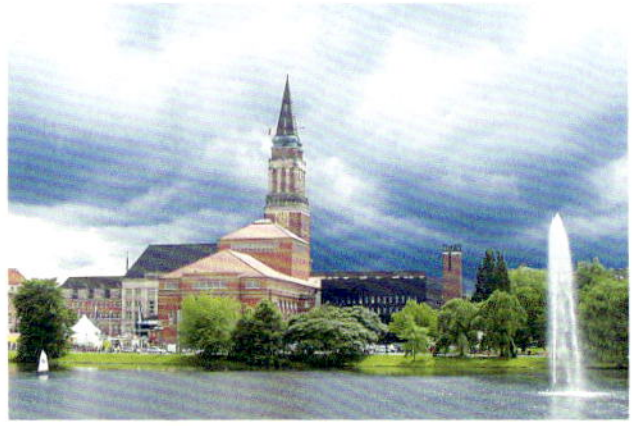

„Kleiner Kiel" mit Opernhaus und Rathausturm

Kriege prägten über Jahrhunderte die Geschichte der Stadt – es kamen und gingen im 16./17. Jh. die Schweden und die Dänen, Anfang des 19. Jh. lagen die vereinigten schwedischen, russischen und deutschen Truppen in der Stadt und während Kiel mit seinem Reichskriegshafen schon stark unter den Folgen des I. Weltkrieges zu leiden hatte, zahlte es als Rüstungshochburg im II. Weltkrieg einen hohen Preis – Stadt und Werftanlagen waren 1945 weitgehend zerstört.

Dass das Element Wasser Kiels Flair ausmacht und es einer der führenden Kreuzfahrtschiffhäfen an der Ostsee ist, zeigt sich auch am Norwegen- oder Schwedenkai, der internationalen Meeresforschung und den traumhaften feinsandigen Stränden vor seinen Toren. Lohnend ist auch ein Besuch des Marine-Ehrenmals Laboe, das an den Steven eines Wikingerschiffes erinnert, und des unterhalb des 72 m hohen Turms liegenden Museumsschiffs „U-Boot U 995" aus dem Zweiten Weltkrieg.

Veranstaltungen: Heute verbindet man die in einem wunderschönen Umland liegende Landeshauptstadt, in der die Bausünden der 1960er und 70er allgegenwärtig sind, vorwiegend mit der ***Kieler Woche*** (*immer in der letzten vollständigen Juni-Woche*). Sie ist seit 1882 das größte Segelsportereignis der Welt und zugleich das größte Sommerfest im Norden Europas, das nur noch mit dem Münchner Oktoberfest vergleichbar ist.

Tourist-Info Kiel, Andreas-Gayk-Str. 31, 24103 Kiel, Tel. (0431) 67 91 00, www.kiel-sailing-city.de

Naturpark Holsteinische Schweiz

Warum hat ausgerechnet mitten auf dem platten Land zwischen Nord- und Ostsee eine Landschaft den Beinamen Schweiz? Alles begann mit den Anfängen des Tourismus im 19. Jh., als privilegierte Bürger erstmals Zeit zum Reisen fanden. Dank Reisebeschreibungen berühmter Schriftsteller wie z.B. Mark Twain, entwickelte sich damals die Schweiz zu einem der beliebtesten Reiseziele weltweit. Um nun auf den „fahrenden Zug aufzuspringen“, kam ein schlauer Malenter Hotelier auf die Idee, sein Haus „Holsteinische Schweiz“ zu nennen. Das Markenzeichen „Schweiz“ schien zu funktionieren!

Zur Ehrenrettung der **Holsteinischen Schweiz** ist allerdings anzubringen, dass sie tatsächlich nicht vollständig platt ist, wie andere Landschaften in Schleswig-Holstein. Die teils kilometerdicken Eismassen der letzten Eiszeit haben nach dem Abschmelzen am Gletschergrund Schuttmassen zurückgelassen, die die Hügel der heutigen Landschaft formten. Außerdem haben die Eismassen durch ihr unglaubliches Gewicht Vertiefungen gefräst, die sich später mit Schmelz- und Regenwasser füllten. Somit warten heute zahlreiche Fließgewässer und über 200 glasklare Seen, eingebettet in sanfte Hügel, Täler und lichte Laubwälder darauf, vom Paddler entdeckt zu werden. Von dieser abwechslungsreichen Landschaft sind 75.000 Hektar als Naturpark ausgewiesen.

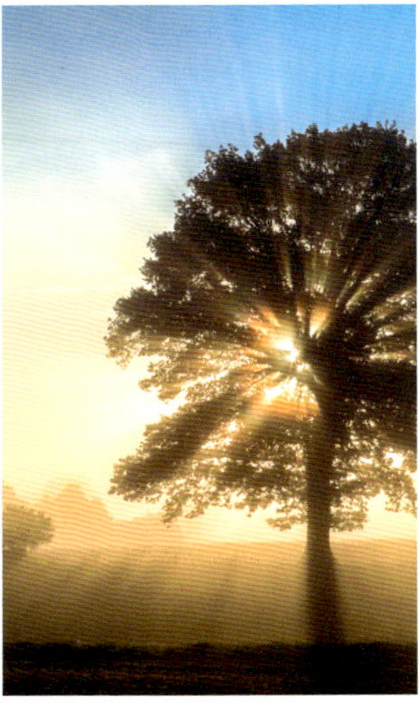

Die vor- und frühgeschichtliche Besiedlung in der Stein- und Eisenzeit ist durch zahlreiche Funde belegt. Prächtige Herrenhäuser, Schlösser, imposante Feldsteinkirchen, Reetdachkaten mit ihren alten Bauerngärten sind in den nachfolgenden Jahrhunderten entstanden.

Diese herrliche Naturlandschaft kann auf über 270 Kilometern und 27 ausgeschilderten ***Naturpark-Rundwegen*** sowie dem 53 km langen ***Fernweg Holsteinische Schweiz Weg*** oder einem 100 km langen Teilstück des ***Pilgerwegs „Mönchsweg“*** erwandert oder mit dem ***Rad „erfahren“*** werden. **Infos:** ***Naturpark-Haus*** *(Mär-Okt Di-So 12-17, Tel. (04522) 74 93 80)* in **Plön** oder www.naturpark-holsteinische-schweiz.de

Tour 2 – Rund um den Großen Plöner See

Aktivitäten	Natur	Kultur	Baden	Hindernisse
★★	★★★★	★★	★★★★	

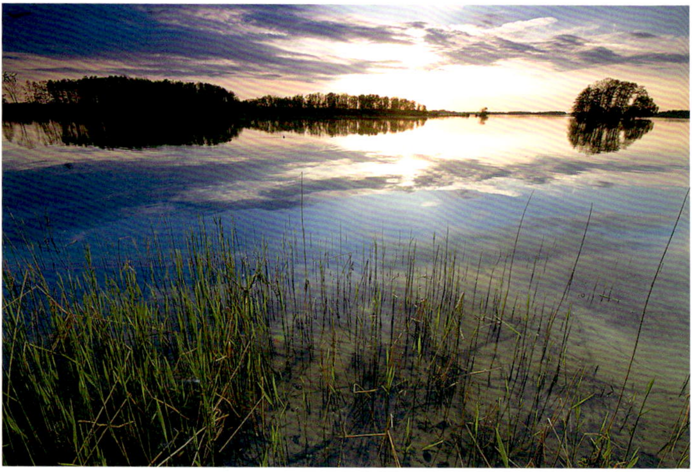

Charakter der Tour

Der ***Große Plöner See*** ist die größte Süßwasserfläche in der Holsteinischen Schweiz und auch das Gewässer mit der größten Seefläche ganz Schleswig-Holsteins – fast 30 km^2 warten auf ihre Erkundung.

Einige Seeflächen sind aus Naturschutzgründen nicht oder nur eingeschränkt zu befahren, die meisten der Inseln nicht zu betreten. Große Abschnitte der Seeufer sind bewaldet. Eine Besonderheit des Sees sind die 27 großen und kleinen Inseln von denen fast alle seit Jahrzehnten gänzlich naturbelassen sind, so dass sich mancherorts eine urwaldartige Flora ausbilden konnte – in dieser Form selten in Deutschland. Mitunter erinnert dies an die Seen Schwedens oder Kanadas. So vielgestaltig die Inseln sind, so artenreich ist auch die Vogelwelt. Wer Glück hat, erblickt hoch oben am Himmel den dahingleitenden Seeadler oder hört das selten gewordene dumpfe Tuten der Rohrdommel aus dem Schilf dringen. Zugvögel rasten hier gerne und viele Vogelarten überwintern zu Tausenden.

Der kulturell interessierte Paddler kommt nicht nur in Plön mit seinem Schloss und der historischen Altstadt auf seine Kosten, sondern trifft auf seiner Rundtour auf den kleinsten Bischofsdom der Welt, auf Feldsteinkirchen und Katen, Bauerngärten und Galerien.

Achtung – Wind!

Der See teilt sich in zwei größere Becken, den ***Plöner*** und den ***Ascheberger Teil***. Beide Seeflächen sind dem Wind ausgesetzt, wobei südwestliche Winde vorherrschen. Der Kanute sollte unbedingt vor jeder Fahrt einen Blick auf die Wettervorhersage mit Hauptaugenmerk auf die zu erwartende ***Windstärke*** werfen. Viel zu schnell kommen sonst unerfahrene Paddler mit Wind und Wellen nicht mehr klar.

Obwohl der Kanusport ein relativ sicherer ist, hat es im Revier in der Vergangenheit leider auch tödliche Unfälle gegeben, weil unerfahrene Kanuten keine Schwimmwesten trugen und sich mit den Paddelbedingungen verschätzt haben. ***Schwimmwesten*** retten Leben!

Das empfohlene Boot für den See ist das geschlossene Kajak. Nur wenn die Wetterbedingungen es erlauben, sollte im offenen Kanu, dem Kanadier, gepaddelt werden. Um gegen Wellen und Wind geschützt zu sein, empfiehlt sich die Verwendung einer Persenning (*wasserfeste Abdeckung*).

Sehenswürdigkeiten *(in der Reihenfolge des Tourenverlaufs)*

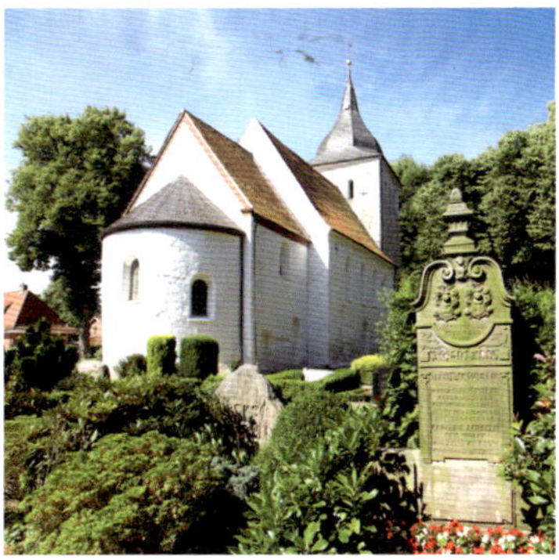

Plön: siehe *„Blick auf ...“* Seite 48.
Dersau: ***Atelier-Galerie-Holzharmony***; ***Kunsthandwerkladen Nunatak*** (Figürliches aus Kunststoff und Mörtel, Drucktechniken); ***„Dersauer Lesegärten“*** in acht Gärten Geschichten lauschen (*Ende August*).
Ascheberg: ***Langenrader Windmühle „Sventana“*** bei Lisch.
Bosau: ***Vicelin-Kirche St. Petri Bosau*** (1151, *Foto rechts*); ***Dunkersche Kate*** (17. Jh.) mit Ausstellungen und Veranstaltungen; ***Kunstgalerie & Biergarten „Im Dorf“***; ***Malschule Lübcke*** (Malerei und Grafik auf vier Etagen, Bücher-Installation, Kunstbücher Flohmarkt, Karten und Miniaturen); ***Nahtur-Design*** (Modedesign aus Bioleinen, Wohnaccessoires aus Holz); ***Bosauer Kirchenkonzerte*** (*Pfingsten-Oktober*); ***Bismarckturm*** (1913) am Vierer See.

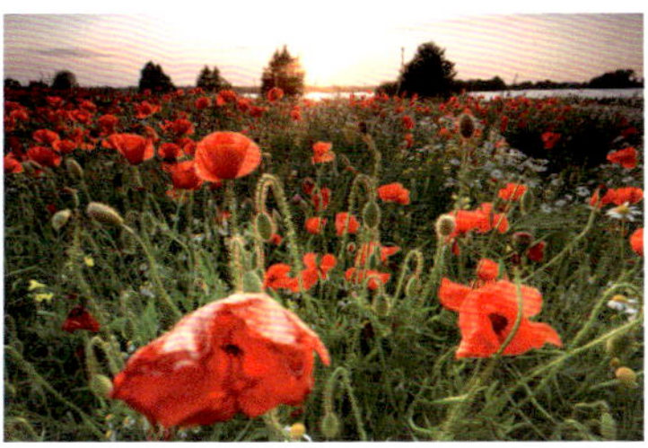

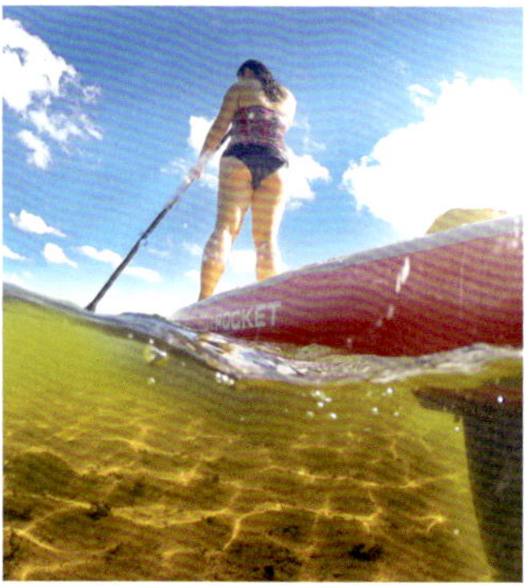

Sonstige Aktivitäten

Wandern:

1. Zwei schöne ***Wanderungen*** führen von **Plön** rund um den ***Schöhsee*** (8 km) und den ***Trammer See*** (10 km), dabei geht man auf einsamen Wegen, begleitet von Reddern (je eine Hecke zu jeder Seite) und Brombeerbüschen und genießt tolle Ausblicke auf Seen und Stadt.
2. ***Um* Dersau** gibt es ein Netz gut ausgeschilderter Wanderwege.
3. ***Rundwanderung*** *(Fernglas zur Vogelbeobachtung!)* **Dersau – Stocksee – Gut Nehmten – Sepel – Dersau** (ca. 20 km, abwechslungsreich & geringer Asphaltanteil).
4. Von **Dersau** rund um den ***Stocksee*** (ca. 14 km).

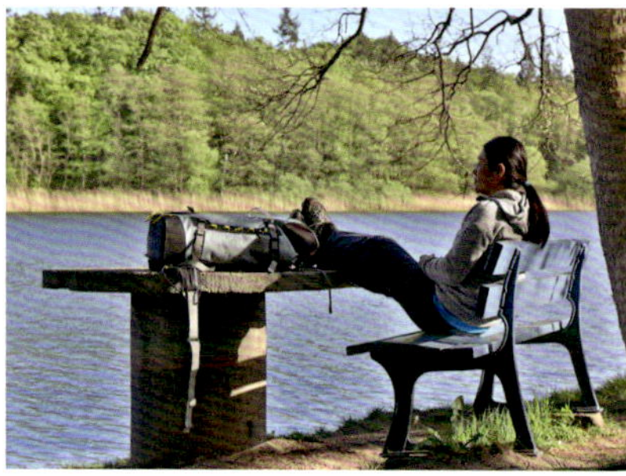

Radfahren:

1. ***„Plönersee-Tour"*** (37 km) um den Großen Plöner See ist ein echter Klassiker und verschafft ganz neue Perspektiven.
2. ***„Felder-Tour"*** (40,9 km) von **Bosau** in die Feldlandschaft östlich des Großen Plöner Sees.
3. ***„Land-Tour"*** (38,4 km) von **Dersau** ins ***Wankendorfer Seengebiet***.
4. Die 204 km lange ***Holsteinische-Schweiz-Radtour*** führt teils um den Plöner See, über Preetz zur Hohwachter Bucht, den 149 Meter hohen Bungsberg, nach Eutin und Malente und zurück zum Startpunkt.

Geführte Angeltouren Großer Plöner See:

Angelguide-OH, Henry Michalski, Tel. (04521) 713 53 & 0173-682 97 35, www.angelguide-oh.de

Etappenvorschläge

Tag	Etappenroute	Entfernung
1.	Plön Fegetasche – Camping Godau	ca. 14 km
2.	Camping Godau – Plön Fegetasche	ca. 21 km

Tipps für Tagestouren:

Umrundung der Prinzeninsel und des Plöner Stadtgebietes (14 km).

Adressen

zu Übernachtungsmöglichkeiten, Kanuvermieter, Sehenswertem, usw. finden Sie alphabetisch nach Ortsnamen im Adressteil ab Seite 97.

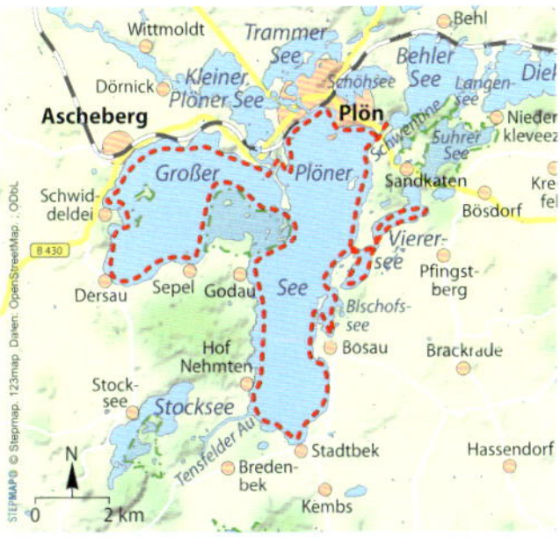

Länge und Dauer der Tour

mit beiden Abstechern 46,5 km, sonst 35 km, 2 Tage. Rundtour. Abstecher in den ***Vierer See*** (8 km) und den ***Bischofssee*** (ca. 3,3 km).

Anreise mit ÖPNV

Die Einsetzstellen in der Plöner Innenstadt bieten sich für Anreisende mit Bus / Bahn mit Boot an.
Wer ein Kanu mieten möchte startet in **Plön-Spitzenort** bei der Kanuvermietung Plön (*2,2 km zu Fuß vom Bahnhof*).

Ein- & Aussetzstelle

Die beschriebene und kilometrierte Tour beginnt bei „km 0" in Fegetasche an der Mündung der Schwentine in den Großen Plöner See.

Einsetzstelle Plön-Fegetasche: Neben dem ***Wassersportverein Fegetasche (WPF Plön)*** an der ***Ölmühle***. Zum Einsetzen am Zaun entlang etwa 50 Meter zur Schwentine, dann etwa 500 Meter bis zur Mündung in den See paddeln. Großer freier Parkplatz in 200 Metern fußläufig.

Weitere mögliche Einsetzstellen

Die Navi-Adressen finden sie im Text an der entsprechenden Stelle

Bosau: Großer schattiger Parkplatz unter riesigen Pappeln am südlichen Ortsende. 100 Meter zum Strand.

Ascheberg: An der ***Badestelle / Campingplatz Musbergwiese***, den Sandweg hinunterfahren. Einige Parkplätze vor Ort.

Sepel: 100 m zum Ufer. Parken im Dorf.

Halbinsel Plön-Spitzenort: An der Straßenbrücke der B 430 vor dem Eingang zum Naturcampingplatz am kurzen Schwentine-Stück zwischen Rohrdommelbucht und Mühlensee. Parkplätze in der Nähe, fußläufig.

Wer ein Kanu mieten möchte, startet hier bei der Kanuvermietung Plön (*2,2 km vom Bahnhof*).

Plön: Am Nordufer des Sees am Wendehammer der Eutiner Straße neben der Seerundfahrtbrücke über eine Rampe (*250 m zum Bahnhof*).

Plön WWR: Am Wasserwanderrastplatz in der Innenstadt neben dem Bahnhof (Parken am Wochenende im Parkhaus frei, sonst Parkuhr).

Bootswagen

Da es keine Umtragestellen gibt, ist ein Bootswagen nur ggf. für Transporte zur Übernachtungsstelle oder zum Pkw erforderlich.

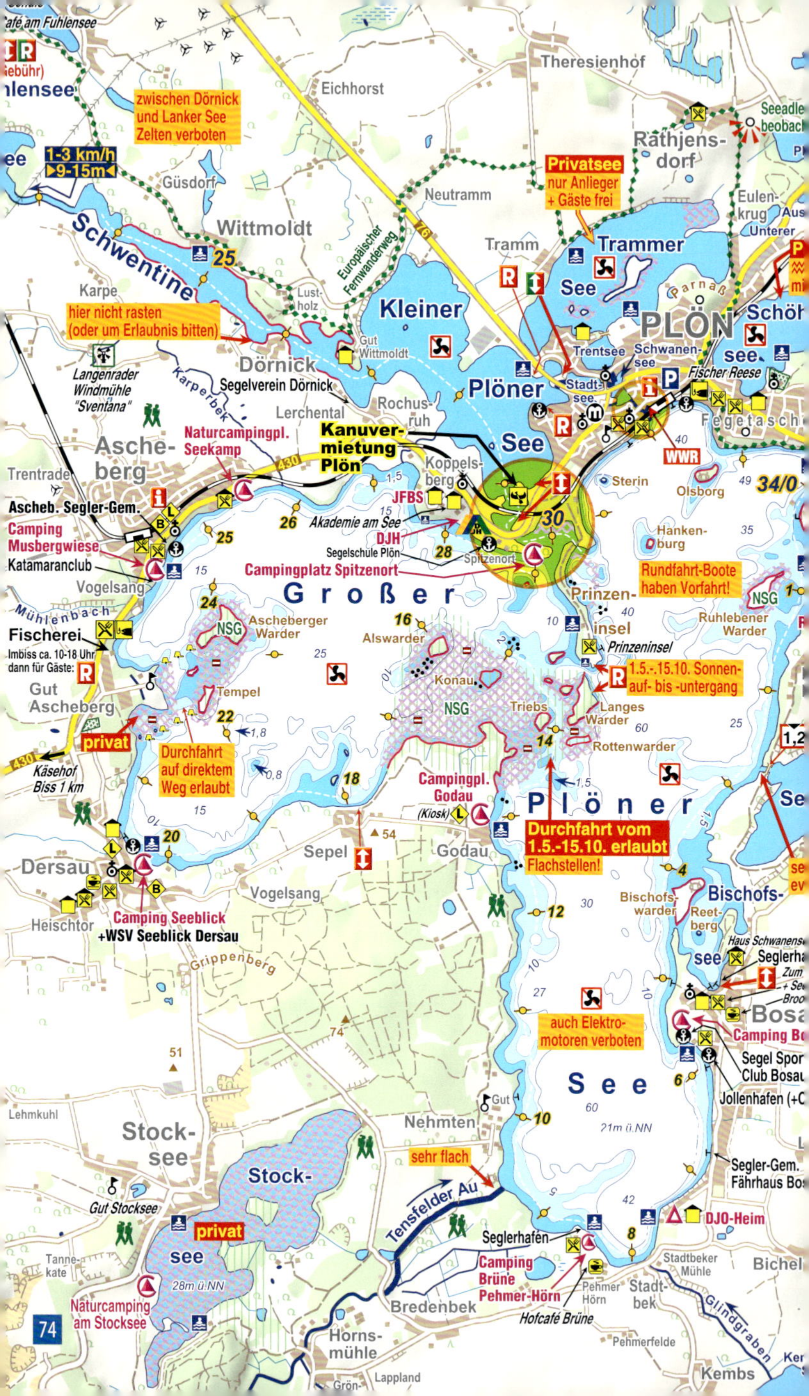
Café am Fuhlensee
zwischen Dörnick und Lanker See Zelten verboten
Eichhorst
Theresienhof
Seeadler beobach
Rathjensdorf
1-3 km/h
9-15m
Güsdorf
Privatsee nur Anlieger + Gäste frei
Neutramm
Eulenkrug
Unterer
Schwentine
Wittmoldt
25
Europäischer Fernwanderweg
76
Tramm
Trammer See
Parnaß
Karpe
Lustholz
Kleiner
PLÖN
Schöh see
hier nicht rasten (oder um Erlaubnis bitten)
Gut Wittmoldt
Trentsee
Schwanensee
Langenrader Windmühle "Sventana"
Dörnick
Segelverein Dörnick
Karperbek
Plöner See
Stadtsee
Fischer Reese
Lerchental
Rochusruh
Fegetasch
Asche-berg
Naturcampingpl. Seekamp
Kanuvermietung Plön
430
Koppelsberg
WWR
Trentrade
1,5
JFBS
Sterin
Olsborg
34/0
Ascheb. Segler-Gem.
Camping Musbergwiese
Katamaranclub
25
26
15
Akademie am See
DJH
28
Segelschule Plön
Spitzenort
30
Hankenburg
35
Vogelsang
Campingplatz Spitzenort
Rundfahrt-Boote haben Vorfahrt!
Großer
Prinzeninsel
NSG
Mühlenbach
24
Ascheberger Warder
16
Alswarder
40
Ruhlebener Warder
Fischerei
Imbiss ca. 10-18 Uhr dann für Gäste:
NSG
10
Prinzeninsel
25
1.5.-15.10. Sonnenauf- bis -untergang
Gut Ascheberg
Tempel
Konau
NSG
Triebs
Langes Warder
privat
22
1,8
14
Rottenwarder
60
25
430
Käsehof Biss 1 km
Durchfahrt auf direktem Weg erlaubt
0,8
18
Campingpl. Godau
1,5
1,2
Plöner
15
(Kiosk)
Se
20
54
Durchfahrt vom 1.5.-15.10. erlaubt
Dersau
Sepel
Godau
Flachstellen!
4
Vogelsang
30
Bischofswarder
Bischofs-
Reetberg
Heischtor
Camping Seeblick +WSV Seeblick Dersau
12
Haus Schwanensee
see
Seglerha
Grippenberg
27
Bosa
Camping Bo
74
auch Elektromotoren verboten
Segel Spor Club Bosau
51
See
6
Jollenhafen (+C
Gut
Lehmkuhl
10
60
21m ü.NN
Stocksee
Nehmten
Stock-
sehr flach
Segler-Gem. Fährhaus Bo
Gut Stocksee
Tensfelder Au
42
8
DJO-Heim
privat
Seglerhafen
see
Tannekate
Camping Brüne Pehmer-Hörn
Stadtbeker Mühle
Bichel
28m ü.NN
Pehmer Hörn
Stadtbek
Naturcamping am Stocksee
Bredenbek
Hofcafé Brüne
Glindgraben
Hornsmühle
Pehmerfelde
Kembs
Lappland

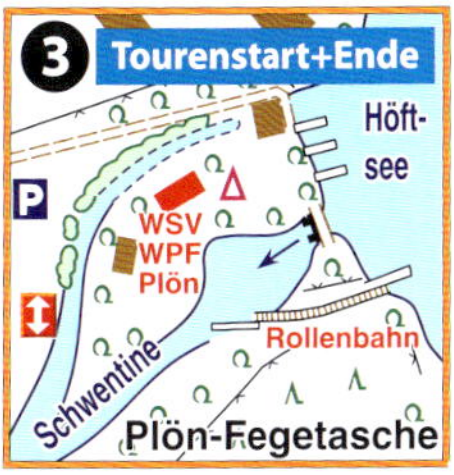

Am Ende der ***Ölmühlenallee***, gleich unterhalb des zweiten Hochhauses, setzt man die Boote neben dem Gelände des *Wassersportverein Fegetasche (WPF Plön)* in die ***Schwentine*** ein. *(Navi: Ölmühlenallee 6, 24306 Plön – Großer Parkplatz 150 Meter entfernt, gratis parken).*

Wassersportverein Plön Fegetasche
(0157) 715 706 54
(04522) 76 01 35

Hotel-Restaurant Fegetasche
(04522) 90 51

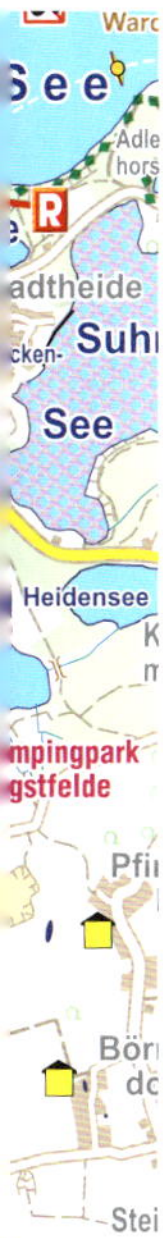

Etwa 500 Meter geht es auf der stark von Bäumen eingewachsenen ***Schwentine*** nach Südwesten, unter der Brücke der B 76 hindurch auf den ***Großen Plöner See***. In der Mündung liegen in der Nebensaison auch die Schiffe der Seerundfahrten am Flussufer vertäut.

Schwarz sind die gepaddelten km, blau ist die Kilometrierung des Sees der Karten im Buch

km 0 / 0

Vor uns liegt die weite Wasserfläche des ***Großen Plöner Sees***. Rechterhand hinter den Stegen der Seerundfahrten der Plöner Motorschifffahrt ist der schöne langgezogene Sandstrand der *„Badestelle an der Fegetasche"* zu sehen.

Bei *Wind* aus Südwest bis West schlagen dem Kanuten bei der Ausfahrt in den See eine steife Brise und gegebenenfalls auch *kräftige Wellen* entgegen. ***Eine Befahrung kann schon bei mäßigen Winden für Ungeübte gefährlich werden.*** Wir halten uns gleich links und paddeln Richtung Süden an der ***Marineunteroffizierschule*** und dem dazugehörenden kleinen ***Hafen*** vorbei. *Ein Anlanden oder Einlaufen ist hier nicht gestattet.*

!!

Der Hafen der Marineschule darf nicht befahren werden!

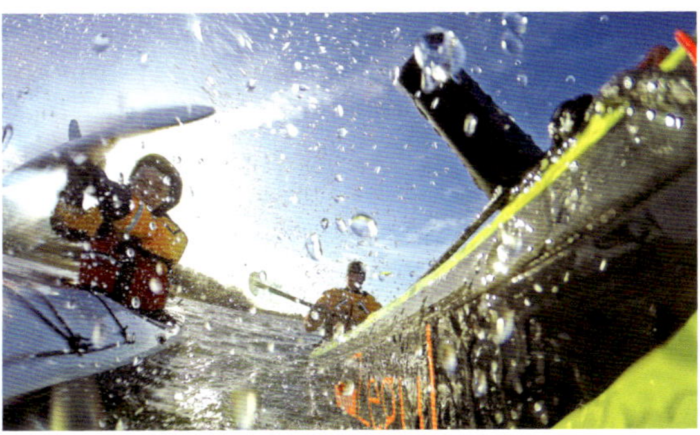

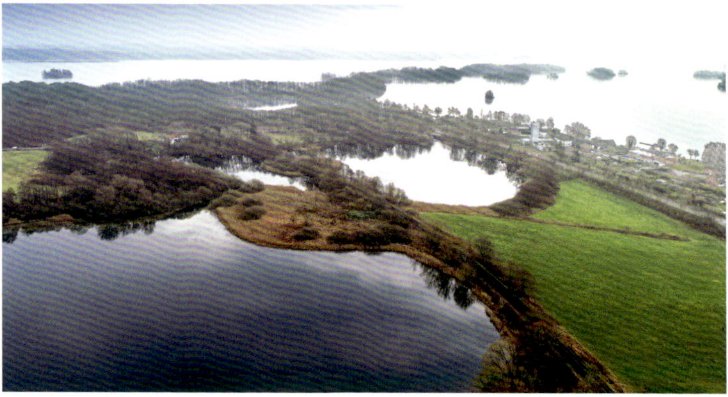

Eine verschachtelte Seenlandschaft umgibt Plön

! *Nochmals Achtung!* Die Spundwand des Hafens reflektiert Wellen und sorgt punktuell für deutlich erschwerte, kabbelige Paddelbedingungen. Schon so manche Bootsbesatzung ist hier ungewollt baden gegangen.

km 0,8 / 0,8 Am Ende des Marinegebiets fällt der Blick auf das flache ***Ruhlebener Warder.*** Die gut zwei Hektar große Insel bietet Bodenbrütern wie Lachmöwen, Austernfischern, Nonnengänsen oder Mittelsägern Brutflächen. Letztere suchen sich einen Nistplatz in Erdhöhlen, am liebsten zwischen dichter Vegetation und Steinen und dicht am Wasser. Betreten des ***Ruhlebener Warders*** ist, wie die meisten Inseln im See, aus ***Naturschutzgründen*** nicht gestattet.

NSG

km 0,9 / 0,9

Campingpark Gut Ruhleben
(04522) 83 47

Gegenüber der Insel befindet sich der wunderschön gelegene *Campingpark Gut Ruhleben* mit seinen großen Wiesen und Strandflächen. Hinter dem Campingplatz lockt eine hübsche Wald- und Feldmark zu abwechslungsreicher *Wanderung*, z.B. rund um den ***Vierer See*** (10 km).

Das Ufer wird im Anschluss an den Campingplatz von einem Waldgürtel gesäumt. Sandiger Seeboden beschert uns, besonders an sonnigen Frühjahrstagen – eine Zeit zu der das Wasser hier extrem klar ist –, karibische Paddelmomente mit grünlich glitzerndem Wasser.

km 2,7 / 2,7 Etwas versteckt hinter Weidenfilz und Erlenbäumen befindet sich die enge, 50 Meter kurze Durchfahrt in den langgestreckten ***Vierer See***.

Abstecher Vierer See (8 km-Runde)

Kurz müssen wir uns unter unter der Fußgängerbrücke hindurchducken. Im Sommer müssen die Boote eventuell ein kleines Stück durchs flache Wasser getreidelt werden. Die lohnende Paddelrunde in diesem hübschen Gewässer ist knapp acht Kilometer lang. **km 3,1**

Zunächst zieht es uns in den nördlichen Teil des Sees, die Ufer sind dicht bewaldet. Einsame und verträumte Waldparadiese und Buchten warten auf ihre Entdeckung. Am südlichen Ufer liegt der ***Campingpark Augstfelde*** (*Kanuvermietung für Gäste*), der wegen seiner guten Kinderbetreuung besonders bei Familien mit Kindern beliebt ist und auch größeren Kanugruppen Platz bietet. Auf der Terrasse der ***Gaststätte „Rustikate"*** genießen wir in der Abendsonne die gutbürgerliche Küche. **km 8**

Campingpark Augstfelde
(04522) 81 28

Rustikate am Vierer See
0157-555 321 56
Mo-Fr 17-22.30
Di Ruhetag
Sa+So 12-22
23.Jun-11.Sep
tgl. 12-22

Die Golfanlage „Waldshagen" zur Linken, geht es nun in den südlicheren Teil des Sees; er ist offener und von Wiesen und Hecken geprägt. In einem kleinen Wäldchen neben dem Golfplatz steht der im Jahre 1913 eingeweihte ***Bismarckturm***, einer von acht Türmen in Schleswig-Holstein und einer der zahlreichen zu Ehren von Otto von Bismarck errichteten Denkmäler. Da er auf Privatgelände liegt, kann er nicht betreten werden.

Schnell schlüpfen wir wieder unter der Brücke durch den schmalen Durchlass und sind zurück auf dem ***Großen Plöner See***. Hier geht es nach links Richtung Süden. **km 11,5 / 2,7**

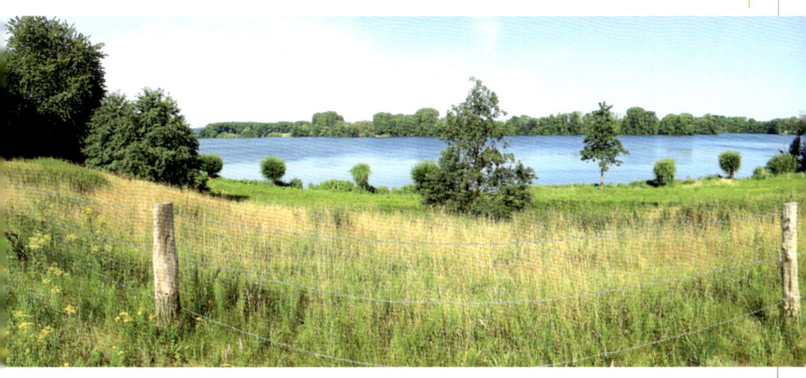

Der Vierer See ist in eine hügelige Moränenlandschaft eingebettet

Hinter hoch aufragenden Pappeln wird nun der Blick in die Einfahrt in den ***Bischofssee*** frei.

Die durch das ***Bischofswarder*** vom ***Plöner See*** abgetrennte Wasserfläche ist eigentlich kein vollwertiger See, sondern eine Sackbucht des ***Großen Plöner Sees***. Im Außenbereich der Einfahrt ist das Wasser besonders im Sommer sehr flach. „Vorbeipaddler" halten also etwas Abstand
km 12,6/3,8 vom Ufer. Wer dagegen den lohnenden *Abstecher in den Bischofssee* machen möchte, folgt der Fahrrinne der Seerundfahrt in Richtung **Bosau**.

Abstecher Bischofssee (3,3 km-Runde)

km 13,1 Gleich links geht es in eine kleine, namenlose Bucht welche sich vom ***Bischofssee*** abspaltet und die Form einer fränkischen Bocksbeutelflasche aufweist.

km 14,2 Im großen Seeteil steuern wir, vorbei am winzigen Eiland ***Reetberg,*** am Ende der Bucht den hübschen Ort **Bo-**
km 14,9 **sau** (*Navi: 23715 Bosau, Helmholdplatz 4*) an. Er lohnt sich schon allein wegen seiner fantastisch erhaltenen roma-
tgl. 8-18 Uhr nischen ***Feldsteinkirche,*** *die im 12. Jh. von Bischof Vicelin gegründet wurde – übrigens der kleinste Bischofsdom der Welt. Von hier aus betrieb Vicelin im Mittelalter die Christianisierung des slawisch besiedelten Ostholsteins.* Seit Jahrzehnten finden in ihr die „Bosauer Sommerkonzerte" statt, ein attraktives Musikfestival mit den unterschiedlichsten Schwerpunkten.

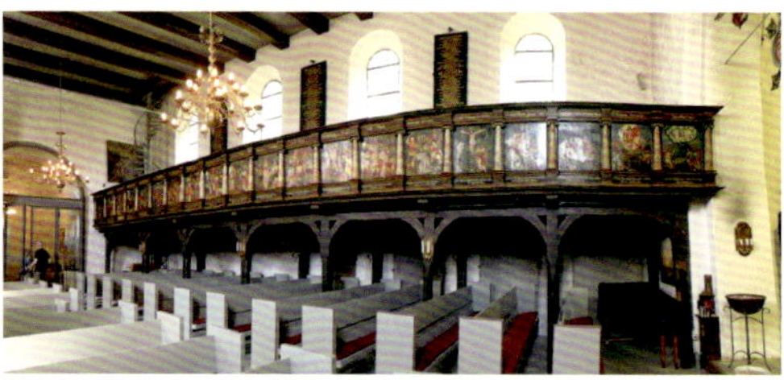

Die zwanzig Gemäldetafeln in der Petrikirche erzählen aus dem Leben Christi

Gasthaus Zum Frohsinn
(04527) 269
Mo,Mi,Do 17-21,
Fr-So 11.30-21

Nebenan liegt oberhalb eines Bootsstegs das *Gästehaus „Seefrieden"* mit schönen Zimmern und dem dazugehörenden ***Gasthaus „Zum Frohsinn",*** das solch' Köstlichkeiten wie geschmorte Ochsenbäckchen und im Herbst Wildschwein-Medaillons mit Hagebuttensoße offeriert. Ursprünglich 1910 als Gasthaus mit Backstube erworben, bieten die heutigen Inhaber in der Backschule Bosau für ihre Gäste auch Backkurse an.

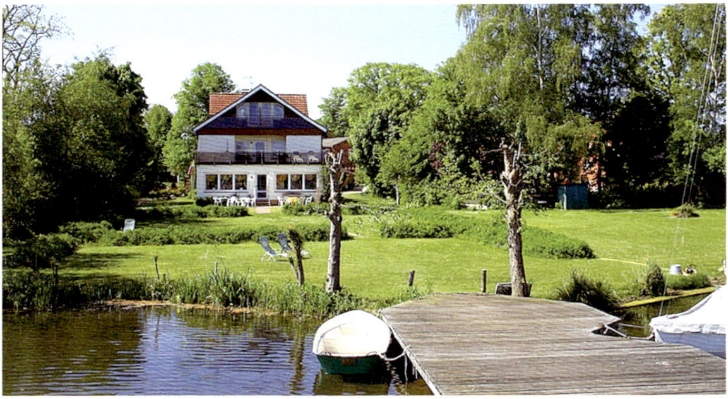

Mit Blick auf den See übernachten Paddler im Gästehaus „Seefrieden"

Einen Steinwurf entfernt finden in der im 17. Jh. errichteten ***Dunkerschen Kate*** im Jahresverlauf verschiedene interessante Ausstellungen und Veranstaltungen statt. *Der schmucke Fachwerkbau wurde einst als Wohnhaus und Arbeitsstätte für Schmiedemeister, Leinenweber und Bauern genutzt.* Der ***Bauerngarten*** mit seinen buchsbaumgefassten Beeten, Kräutern, Gemüse, Rosen und Stauden, kann jederzeit kostenlos besichtigt werden.

Dunkersche Kate
(04527) 18 22

Nur 100 Meter weiter stärkt man sich auf besondere Art. Auf das 1904 als Backhaus erbaute ***Brooks Café Achter de Mur*** wurde schon „Der Feinschmecker" aufmerksam, lobte die im Rahmen der typisch „Englischen Teezeit" angebotenen Torten und kürte den Geheimtipp zu einem der besten Cafés Deutschlands.

Brooks Café Achter de Mur
(04527) 202
Mi-So 12-19

Auch die Kuchen und Torten im ***Hotel-Restaurant „Haus Schwanensee"*** sind berühmt in der Umgebung. Die Veranstaltungsreihe „Live am Bischofssee", mit Oldies, Country, Rock oder Irish Folk bei Sonnenuntergang direkt am Großen Plöner See, hat schon lange Tradition.

Haus Schwanensee
(04527) 997 00

km 15,9 / 4,5

Den ***Bischofssee*** verlassen wir dann durch die Enge südlich der Insel ***Bischofswarder***. *Im Nordteil der 500 Meter langen Insel, die nicht betreten werden darf, finden sich übrigens Reste einer slawischen Siedlung und Burganlage aus dem 8. Jahrhundert. Funde von Hufeisen und einigen Waffen gaben Hinweise auf Bronze-, Eisen-, Horn- und Knochenverarbeitung.*

Wer sich einen Moment ruhig im Boot treiben lässt, dem bieten sich hier hervorragende Vogelbeobachtungsmöglichkeiten im Schutz des Bewuchses der Durchfahrt.

km 17,3 / 5,9

Camping Bosau
0162-617 53 68

Nach einer kurzen, bewaldeten Strecke blicken wir voraus auf das südliche Seeende und links von uns auf die reizende *Badestelle* mit Sandstrand neben dem *Campingplatz Bosau* mit Kinderspiel-, Beachvolleyball-, und Bouleplatz. Unmittelbar vor der Strandfläche, auf Höhe des Strandbistros, besteht die Möglichkeit anzulegen bzw. ***ein- und auszusetzen***. (*Navi: 23715 Bosau, Strandweg 16*).

km 18,9 / 7,5

djo-Jugendfreizeitstätte Bosau
(04527) 220

nach Anmeldung

Fast am Ende des Sees liegt die *djo-Jugendfreizeitstätte Bosau,* in der man auch als Paddler gern gesehener Übernachtungsgast ist. Entweder man schläft im Haupthaus oder in einer der Finnhütten oder im eigenen Zelt. Wer rechtzeitig Bescheid gibt, kann sich auch für eine ***Vollverpflegung*** entscheiden. Schön für jeden nimmermüden Paddler – im Außenbereich gibt es zahlreiche Möglichkeiten aktiv zu sein: Niedrigseilgarten, Kletterwand, Fußball-, Basketball-, Volleyball- und Tischtennisplatz.

km 19,6 / 8,2

Hofcafé Brüne
(04555) 10 75

Schon nach ein paar hundert Metern empfiehlt sich ein Stop im idyllischen Garten des *Hofcafé Brüne* in **Pehmer Hörn** wenige Schritte oberhalb des Strandes. Die selbstgebackenen Kuchen und Torten sind eine Wucht! Wer samstags kommt, kann sich auch zum Grillen anmelden.

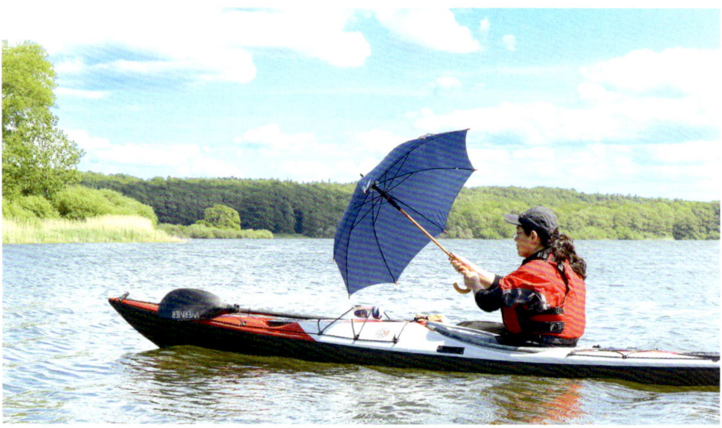

Warum paddeln, wenn der Wind den Job macht?

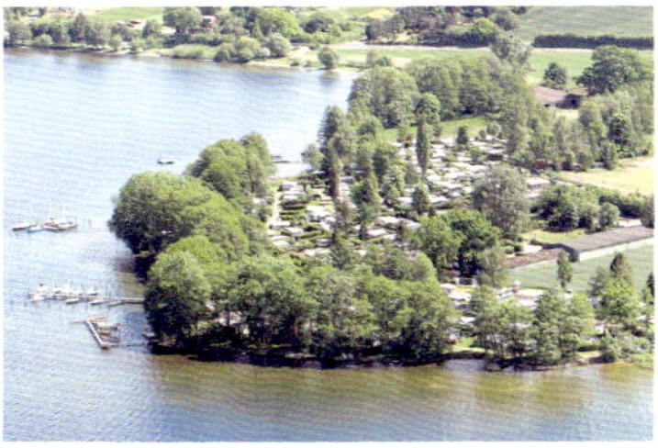

Gleich daneben liegt der einfache, aber sympathische und familiär geführte Campingplatz Brüne Pehmer-Hörn, auf dessen Gelände die vielen Erlen im Sommer wohltuenden Schatten spenden. Von hier aus genießt man einen Blick über die gesamte Länge des Sees bis zum Plöner Schloss.

Campingplatz Pehmer-Hörn
(04555) 10 35

Wer länger bleibt, wird vielleicht eine kleine Wanderung zum nahen ***Stocksee*** *unternehmen und kreuzt dabei auf traumhaften Wanderwegen immer wieder die wildromantische* ***Tensfelder Au****, die sich durch eine zum Teil undurchdringliche Landschaft windet. Das kleine Flüsschen ist nach der Schwentine der zweitgrößte Zulauf des Großen Plöner Sees und entwässert das Muggesfelder und Tarbeker Moor, Reste eines größeren, in Renaturierung befindlichen schützenswerten Moorkomplexes, der sich nach der letzten Eiszeit innerhalb einer Schmelzwasserrinne gebildet hat.*

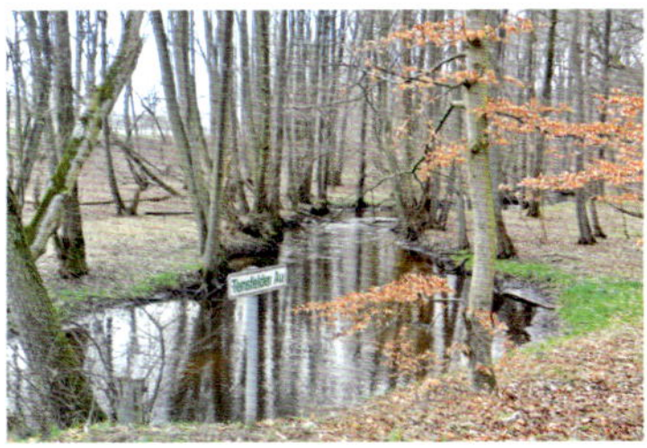

Die ***Tensfelder Au*** mündet hier in den See. Ihr kleines Delta ist mittels rosafarbener Bojen für Wassersportler gesperrt. Dafür blicken wir jetzt auf das private **Gut Nehmten** mit seinem schönen Park, heute eine Reitstall-Anlage. *Das markante Schloss des adeligen Gutes wurde um 1712 errichtet. Vom nördlichen Portal besteht durch den Park eine direkte Blickachse zum Schloss Plön.*

km 20,9 / 9,5

Auf den nächsten Kilometern begleiten den Paddler ausschließlich dichter Wald und Schilfzonen, die von zahlreichen Wasservögeln bevölkert sind. Es ist eine wahre Freude hier an einem warmen Frühjahrstag auf dem Wasser zu sein und dem Konzert der Vögel zu lauschen oder Schwänen und Enten beim Gründeln nach Nahrung am Seeboden zuzuschauen.

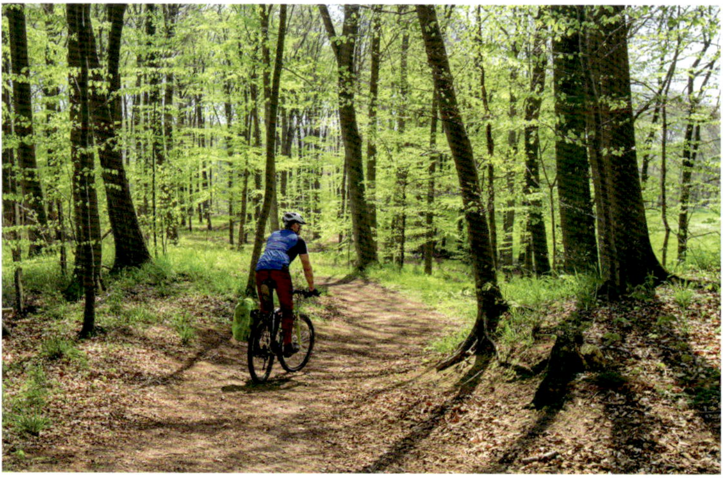

Wunderschöne Radrundwege führen durch die Seenlandschaft bei Plön

km 24,4 / 13

Camping Godau
0172-757 73 82

Die einsame Strecke wird erst wieder vom winzigen Dorf **Godau** unterbrochen, das mit einem wunderschönen und sehr ruhig gelegenen **Campingplatz** *(mit Kiosk)* sowie einem kleinen ***Strand*** aufwarten kann.

Wer sich die Beine vertreten möchte, der kann von **Godau** entlang des ***Plöner Seeufers*** und um den ***Stocksee***, eine längere ***Rundwanderung*** durch Wald und Feld genießen (*ca. 21 km*) oder nur die kurze Strecke zum **Gut Nehmten** (*hin und zurück ca. 6 km*) spazieren, vorbei an uralten Eichen mit teils acht Metern Stammumfang.

NSG
Zwischen den Inseln darf nicht gepaddelt werden!

Dann übernimmt die Natur wieder das Zepter, denn vor uns liegt nun die herrliche Inselwelt des ***Naturschutzgebietes „Inseln im Großen Plöner See und Halbinsel Störland".*** Leider ist es ***nicht erlaubt zwischen den Inseln umherzupaddeln.***

Lediglich zwei Durchfahrten wurden offengehalten, somit kommt man wenigstens etwas in den Genuss dieser einmaligen Mischung aus Inseln und Wasser. Die ***erste Durchfahrt***, die nur vom 1.5 bis zum 15.10 befahren werden darf, ist nicht leicht zu erkennen, auch wenn einige gelbe Bojen das Naturschutzgebiet markieren. Ein Blick auf die Karte hilft sie zu finden. Sie würde uns direkt in den ***Ascheberger Teil des Plöner Sees*** bringen.

km 14

Wir folgen nicht der See-Kilometrierung (**blau**), sondern wählen die *zweite Möglichkeit*, ums äußere Eiland ***Rottenwarder*** herum. Die sich anschließende Insel ***Langes Warder*** ist unser Ziel. Ein langer Steg kündigt einen wunderschönen *Rastplatz* an. ***Er darf nur vom 1.5.-15.10. zwischen Sonnenauf- & -untergang benutzt werden*** – zelten ist selbstverständlich verboten.

km 26,4

R *nur 1.5.-15.10. zwischen Sonnenauf- & -untergang*

Danach halten wir auf die Durchfahrt zwischen ***Langes Warder*** und der sich anschließenden ***Prinzeninsel*** zu und sehen gleich an der äußersten Spitze der **Prinzeninsel** einen kleinen *Sandstrand*, wo man vorzüglich anlegen kann. Dieser exponierte Platz, ein *Picknickplatz* an dem sich auch ein kleiner Pavillon befindet, war der *Lieblingsplatz der letzten deutschen Kaiserin Auguste Viktoria. Namensgebend für die Insel war sicherlich, dass auf der Insel einst die Söhne des letzten deutschen Kaisers in der Landwirtschaft unterwiesen worden sind.* Auf einem 4 Kilometer langen *Spaziergang* kann man die Insel bequem umrunden und passiert dabei die feinsandige *Badestelle*, wo einst die Prinzen schwimmen lernten, und am Rande einer Waldlichtung das ***Niedersächsische Bauernhaus aus dem 18. Jh.*** mit der *Gaststätte „Prinzeninsel"*. Das alte Fachwerkhaus mit dem hübschen Biergarten birgt noch Relikte aus der Kaiserzeit und ist umgeben von Weiden mit teils seltenen, alten Haustierrassen.

km 26,6

Gaststätte Prinzeninsel
(04522) 50 87 00
Sommer Di-So 11-20
Wint. Sa+So 11.30-16

Um nun in den ***Ascheberger Teil*** des ***Plöner Sees*** zu wechseln, steuert man sein Kanu weiter durch die Enge zwischen ***Langes Warder*** und ***Prinzeninsel*** hindurch. Die Inseln auf der linken Seite, bis hinein in die Seemitte, bilden zusammen mit der kleinen südlichen Halbinsel das 261 Hektar große ***Schutzgebiet***. *Es gilt als eines der wichtigsten Brutgewässer des Landes – Seeadler brüten auf den Wipfeln der Inselbäume, Schellenten richten sich ihre Bruthöhle in alten Spechthöhlen ein und die ausgedehnten Flachwasserzonen sind bei den nach Nahrung suchende Entenvögeln besonders beliebt.*

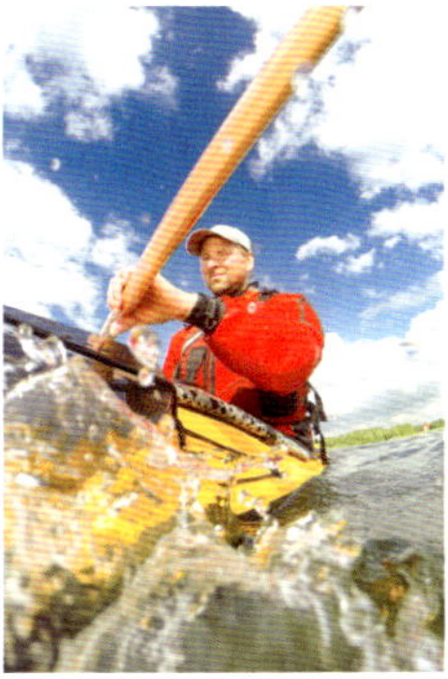

Stößt man als Paddler auch außerhalb der Schutzbereiche auf Vogelansammlungen, versteht es sich von selbst, diese, so es die Wetterbedingungen zulassen, in einem weiten Bogen zu umpaddeln.

km 27,5 / 15

km 27,5 / 15 **NSG** Am *Naturschutzgebiet* vorbei richtet man den Bug des Bootes leicht rechts der größten bewaldeten Insel mit dem Namen ***Alswarder***.

km 28,5 / 16 **!!** Hinter der Insel hat man die Sperrzone hinter sich gelassen und paddelt – *Achtung!* – auf die dem Wind gänzlich ausgesetzte Seefläche hinaus. ***Hier nehmen bei West- und Südwestwinden die Wellen schlagartig an Höhe zu. Wenn man sich unwohl fühlt, sollte man wieder umkehren.*** Ist jedoch sowohl beim Wetter als auch bei der Besatzung „alles im Lot", steuert man das Boot nun nach Süden zur Ortschaft **Sepel**.

km 30,5 / 18 Vom winzigen Dörfchen **Sepel** (*Navi: 24326 Sepel, Am See 5*) an darf wieder in Ufernähe gepaddelt und auch *Kanus zu Wasser gelassen, bzw. ausgesetzt* werden. Im Anschluss zeigt sich die Uferpartie als hügelige Mischung aus Hecken und Kuhweiden. Sie begleitet den Paddler auf den nächsten zwei Kilometern bis zur Ortschaft **Dersau**.

km 32,8 / 20,3

Campingplatz Seeblick
(04526) 12 11

Appel's Gasthof Seeblick
(04526) 300 30

Haus zum See (FeWo)
(04526) 80 76

Dersau ist ein idyllisches kleines Touristen- und Bauerndorf mit dem *Campingplatz Seeblick,* der nur durch den schönen *Sandstrand* und der dahinterliegenden Liegewiese vom Wasser getrennt ist.

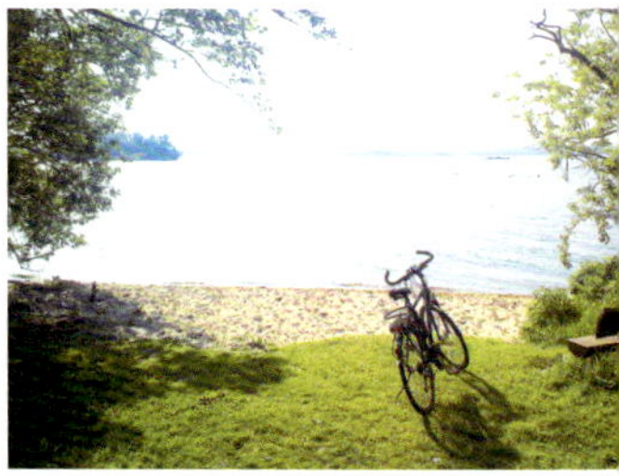

Badestelle Sepel

*Lohnende **Wanderungen** von hier: Ein nur halbstündiger Spaziergang führt zum **Käsehof Biss** in* **Hofkamp**, *der im hauseigenen Hofladen (Mo-Sa 8-19, So 14-19) nicht nur hofeigenen Käse, sondern auch handgeschöpften Quark, leckere Marmeladen und vieles mehr anbietet.*

*Ungefähr eine Stunde Fußweg sind es bis zum historischen **Gut Stockseehof** von 1347, einem landwirtschaftlichen Gutsbetrieb, der seine Tore mehrfach im Jahr für besondere Events öffnet. Zum Beispiel findet zu Pfingsten die „Park & Garden Country Fair" statt, Schleswig-Holsteins größte und älteste Gartenmesse auf dem Lande. Zu anderer Zeit können auf der Plantage Kirschen oder Himbeeren selbst gepflückt oder im Laden gekauft werden oder man genießt einfach nur in herrlicher Umgebung auf dem Gutshof leckeren Kuchen und frische Waffeln.*

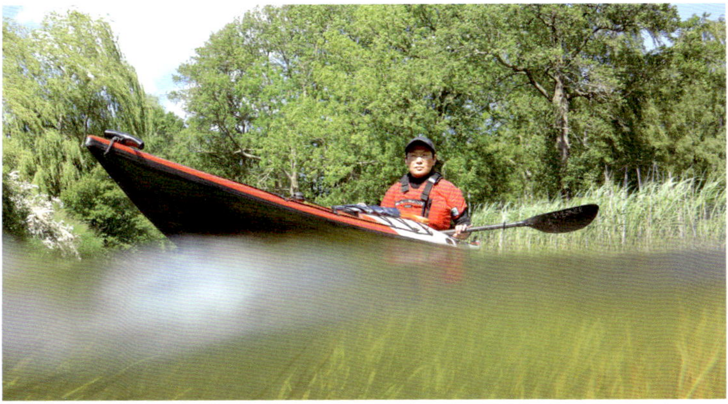

Im Frühjahr und Frühsommer ist das Wasser besonders klar

Anschließend zeigt die Spitze des Kanus wieder nach Norden in Richtung der Inselgruppe um die Hauptinsel ***Ascheberger Warder,*** die vor dem **Gut Ascheberg** aus dem Wasser auftaucht. Das zur Gänze bewaldete Eiland ist als *Naturschutzgebiet* ausgewiesen und mit 9 Hektar die größte Insel im ***Großen Plöner See***. Seit den 1960er Jahren nicht mehr bewirtschaftet, hat sich inzwischen ein artenreicher und urwaldähnlicher Wald mit hohem Totholzanteil entwickelt. Die Chancen stehen gut hier einen Seeadler beobachten zu können. **NSG**

Zwischen den Inseln des Naturschutzgebietes darf nicht hindurchgepaddelt werden. Allerdings ist es erlaubt, auf dem direkten Weg durch einen engen *Korridor* zwischen dem am linken Ufer liegenden ***Ascheberger Schloss*** (*Christliche Jugendfreizeitstätte*) und den beiden kleinen Inseln in Richtung **Ascheberg** zu steuern. *Das Ascheberger Schloss wurde 1870 als Herrenhaus des Grafen Brockdorff von Ahlefeldt fertiggestellt.*

km 34,2 / 21,7

In der nachfolgenden kleinen, von Wald umgebenen Bucht kann man an den Stegen des *Fischers Lasner* sein Boot festmachen, um sich vor der urigen Fischerhütte mit Blick auf den See den Räucherfisch, die Fischbratküche oder die leckeren Burger in einer der ältesten Fischereien Schleswig-Holsteins schmecken zu lassen.

km 35,4

Fischerei & Räucherei Lasner
(04526) 33 98 18
Mai-Okt tgl. 9-18
Mär-Apr 10-17

Weiter paddelt man entlang des bewaldeten Ufers und kommt alsbald nach **Ascheberg**.

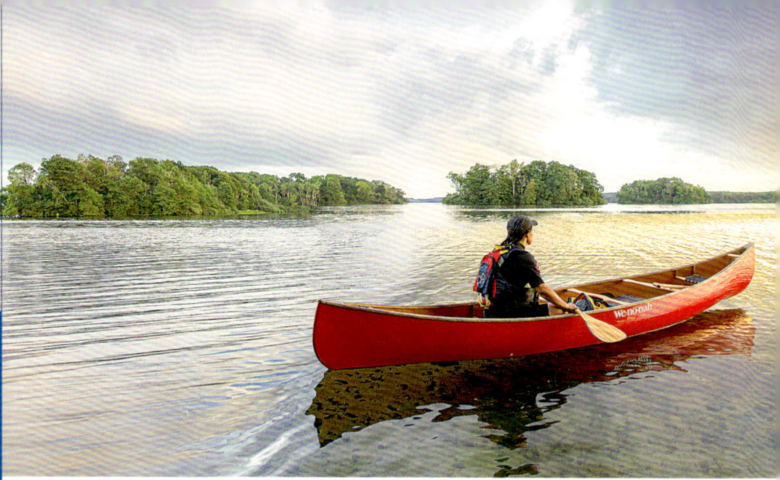

km 36,6 / 24,5

Camping Musbergwiese
(04526) 445

Vom höher gelegenen Dorf **Ascheberg** bekommt man unten vom Wasser aus so gut wie nichts mit. Lediglich die Steganlagen, der Seerundfahrt und der Seglergemeinschaft fallen auf. Neben dem Anleger der Motorschifffahrt befindet sich auch der *Badestrand* des Ortes, der *Campingplatz Musbergwiese* und das *Restaurant Café am See* (*12-20, Mo Ruhetag*), wo man mit Blick auf den See vor dem urigen Holzhaus in einem schönen Biergarten sitzt.

km 37,6 / 25,5

Naturcampingplatz Seekamp
(04526) 18 06

Windmühle Sventana
(04526) 18 73

Hinter dem Badestrand geht es erstmal weiter am Wald entlang, vorbei an einigen privaten Seegrundstücken, ehe am Ortsausgang der einfache *Naturcamping Seekamp* auf Gäste wartet. Von hier lohnt eine drei Kilometer lange *Wanderung* zur *Langenrader Windmühle, die auch den wagrischen Namen Sventana („die Heilige") trägt. Der 1859 erbaute Gallerieholländer zeigt das alte Müllerhandwerk wie es heute noch in der Mühle betrieben wird. Mehlverkauf findet ganzjährig nach telefonischer Anmeldung statt.*

km 39,9 / 27,8

Ev. Jugend-, Freizeit- & Bildungsstätte JFBS
(04522) 50 72 30

Akademie am See
(04522) 741 50

Verschilfte Ufergürtel durchsetzt von dichten Hecken und Gebüsch wechseln sich nun mit Wiesen und Feldern ab. Eine bewaldete Kuppe sticht bald am Horizont hervor. Es ist der ***Koppelsberg***, der sich deutlich von der sonstigen Umgebung abhebt. Dort befinden sich, vom Blättergrün etwas verborgen, gleich zwei Übernachtungsmöglichkeiten für Einzelreisende. Die *„JFBS Koppelsberg"* liegt oberhalb eines kleinen *Sandstrandes* im Wald. Gleich daneben die *„Akademie am See"*, in der auch Seminare

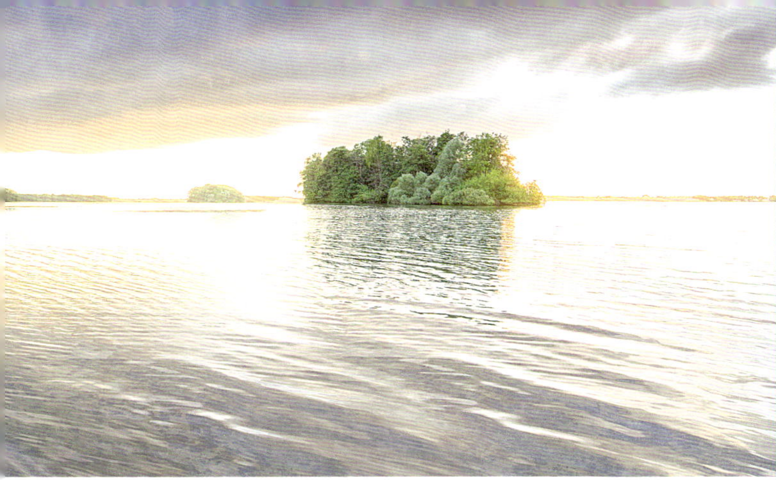

(*z.B. Fotokurse*) abgehalten werden. Übernachtungen im Seminarhotel sind möglich.

Voraus fällt schon der Blick auf das weitläufige Gelände der *Jugendherberge Plön* mit seiner herrlichen *Badestelle*. Nur 100 m weiter passieren wir die Stege der Segelschule Plön (die *Kanuvermietung Plön* hat hier auch einen Steg) und gleich im Anschluss den auf der gleichnamigen Halbinsel gelegenen tollen *Naturcamping Spitzenort.* Ideal für eine Übernachtung, bietet er doch mit seiner *Gaststube*, die Holsteiner Küche serviert, und dem kleinen SB-Mark Unabhängigkeit von der 1.800 Meter entfernten Stadt **Plön**. Den 120 m^2 großen beheizten Außenpool werden nicht nur Kinder an kühlen Tagen zu schätzen wissen.

km 40,5 / 28,4

Jugendherberge Plön
(04522) 25 76

Kanuvermietung Plön
(04522) 41 11

Naturcamping Spitzenort
(04522) 27 69

Erneut liegt nun die ***Prinzeninsel*** vor uns. Wer hier links um den Campingplatz auf der Halbinselspitze herumpaddelt, kann auf die ***Schwentine-Route*** (*Tour 1, Anschlus siehe Seite 54*) in Richtung Preetz / Kiel abbiegen.

km 42,1 / 30

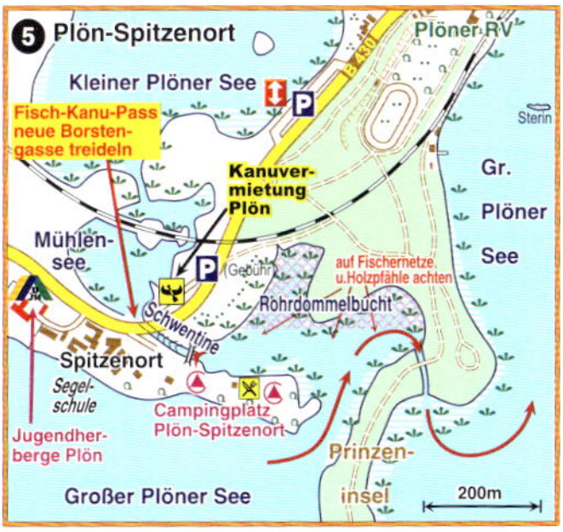

Wer die Runde auf dem ***Großen Plöner See*** zu Ende paddeln möchte, fährt in in die ***Rohrdommelbucht*** (*siehe Detailkarte* ❺), bitte die Schilfzonen meiden und mittig paddeln, und schlüpft rechts in die enge Durchfahrt. Über den kurzen, künstlich angelegten Kanal, der die Prinzeninsel erst zur Insel

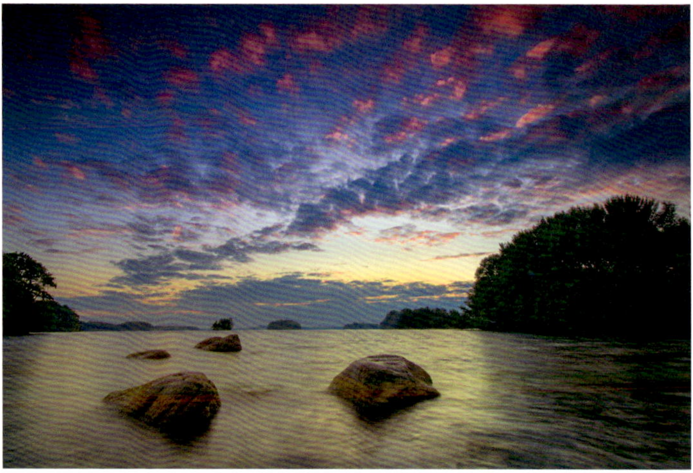

werden lässt, gelangt man wieder in den ***Plöner Teil*** des Sees. *Achtung: Unter der Brücke kann es sehr flach sein und im Sommer müssen die Boote oft kurz getreidelt werden.*

km 42,6 / 30,5

Kurz die kleine, bewaldete Insel ***Hankenburg*** im Blick geht es links um die Ecke nach Norden, mit Kurs auf das ***Plöner Schloss***, das auf einem Berg oberhalb des Ortes thront.

km 44,1 / 32

R WWW

100 m

Restaurant Seeprinz

(04522) 789 71 55

Um beim ***Wasserwanderrastplatz*** zum Besuch des hübschen Luftkurortes **Plön** anzulegen, hält man sich gleich hinter dem auf einer schwimmenden Plattform in den See ragenden ***Restaurant Seeprinz*** links, fährt unter einer Eisenbahnbrücke durch und gleich rechts zu den Holzstegen im ***Bootshafen***. Hier kann man hervorragend rasten oder die ***Boote ein- und aussetzen*** *(Navi: 24306 Plön, Am Bootshafen).* Für Paddler, die mit der Bahn an- und abreisen (*z.B. Faltbootbesitzer*), ist der nahe Bahnhof ideal, um die Tour hier zu beenden.

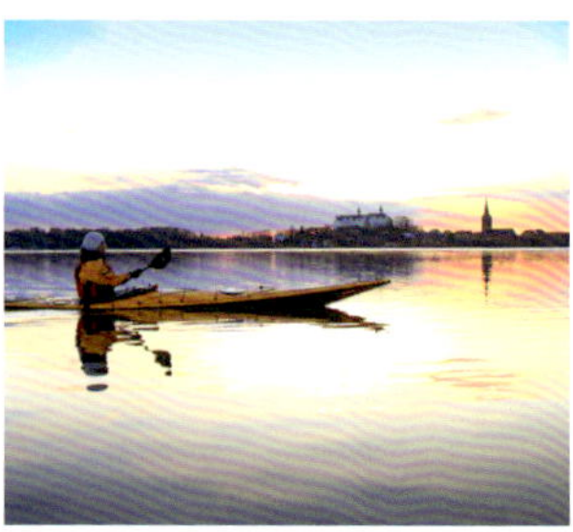

Wer jetzt in die ***„Schwentine-Tour"*** Richtung Preetz / Kiel (*Tour 1, Anschluss siehe Seite 51*) einschwenken will , fährt nicht rechts in den Bootshafen, sondern nach Unterfahrung der Eisenbahnbrücke links und kommt alsbald zur kurzen Rollenbahn, die den Kanuten über die ***Stadtseen*** in den ***Kleinen Plöner See*** bringt.

Zurück unter der Eisenbahnbrücke auf den ***Großen Plöner See*** geht es nun in die nördlichste Bucht. Links liegt der Anleger der Seerundfahrt mit der Möglichkeit des *Ein- und Aussetzens* (↕ *Navi: 24306 Plön, Eutiner Straße 2*) und dahinter ein Seglerhafen – *Achtung:* bei westlichen Winden kann es zu kabbeligen Reflektionswellen kommen!!.

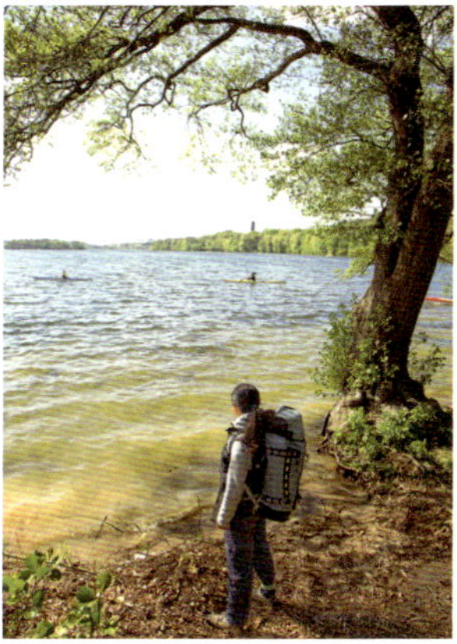

Dahinter lockt die *Fischerei Reese* *(auch Angelkarten)* mit frisch geräuchertem Fisch oder anderen Spezialitäten der Holsteinischen Fischküche in ihrem Bistro – Silbermaräne, Edelmaräne oder Hecht kommen direkt aus dem Netz frisch auf den Tisch.

Die langgestreckte ***Waldinsel Olsborg*** im Blick, geht es zwischen ihr und dem Festland hindurch. Die Silhouette des Plöner Wasserturms ragt aus dem Wald am linken Ufer hervor und schon hat man den letzten Kilometer bis zur ***Schwentine-Mündung*** zurückgelegt.

Fischerei Reese
(04522) 62 36
Jun-Aug tgl. ab 11
Sep Di-Fr 9-18

Kurz vor der Mündung wartet an der *Badestelle Fegetasche* am feinsandigen Strand eine letzte Bademöglichkeit, bevor man die letzten Meter stromauf zum Tourenstart paddelt. In der Regel stellt dies kein Problem dar. Nur bei extrem hohem Wasserstand muss man sich unter der Straßenbrücke der B 76 hindurch bis zum *Wassersportverein Plön Fegetasche* ↕ richtig ins Zeug legen.

km 46,1 / 34

km 46,5
Tourende

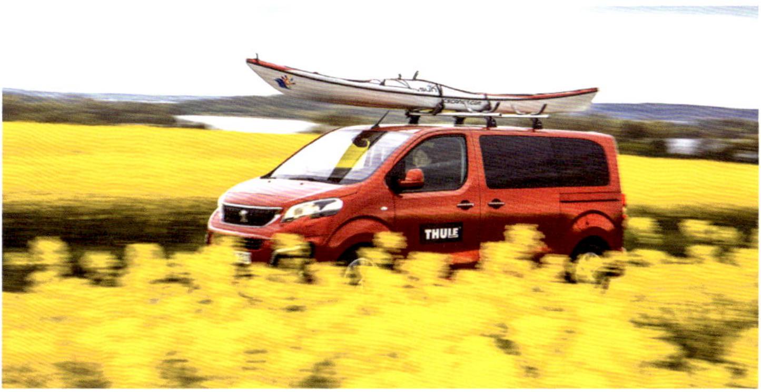

Die blühenden Rapsfelder machen den Abschied von diesem tollen Paddelrevier noch schwerer

Tour 3 – Paddeln am Südufer des Selenter See

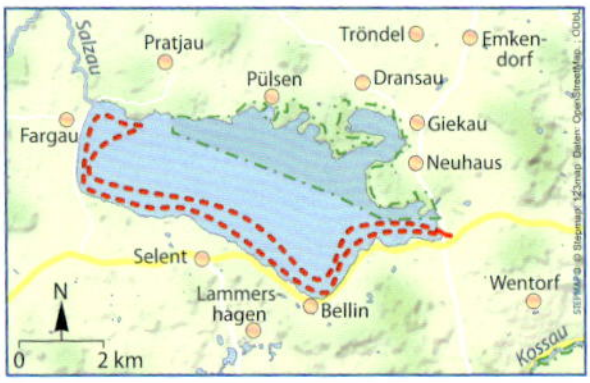

Gleich nach dem Großen Plöner See ist der ***Selenter See*** *mit immerhin 21,37 km² das zweitgrößte Binnengewässer Schleswig-Holsteins. Wegen der homogenen und buchtenarmen Seefläche mutet das Gewässer optisch sogar größer an, als der verschachtelte Plöner See.* ***Es ist daher immer mit aufkommendem Wind und entsprechenden Wellen zu rechen!!*** *Das nördliche Seeufer ist fast zur Gänze als* ***Naturschutzgebiet*** *ausgewiesen. Paddler müssen sich daher ans Südufer halten oder, wenn das Wetter mitspielt, eine der Strecken in Seemitte zurücklegen, was auch ein Erlebnis sein kann.*

Bei Befahrung des Südufers legt man hin und zurück gut 20 km zurück.

Bitte beachten: *Für eine Befahrung des Sees muss bei der* ***Amtsverwaltung*** **Selent** *eine* ***gebührenpflichtige Genehmigung*** *eingeholt werden (Kieler Str. 18, 24238 Selent, Tel. (04384) 597 90). Mitglieder des* ***Deutschen Kanuverbandes*** *(DKV) dürfen für einen Tag mit* ***Bootskennzeichnung*** *und Mitführung des* ***DKV-Ausweises*** *ohne Genehmigung den See befahren.*

Das Kanu kann man im sich verjüngenden Ostende des Sees ***einsetzen***. Hier gibt es eine schöne ***Badestelle*** und reichlich ***Parkmöglichkeiten*** *(Navi: 24321 Fresendorf, Seekrug 1)*. Lohnend ist der frische Räucherfisch und Frischfisch von ***Fischer Wessela*** (*Di-So 9-18, Tel. (04381) 49 08, Fischbrötchen n. Anmeldung*), Einkehr in der hübschen Fischkate Seekrug ist momentan leider nicht möglich *(Besitzerwechsel 2018)*.

Eine weitere ***Einsetzmöglichkeit*** besteht am Südufer beim ***Strandbad***, ***Imbiss*** *(Navi: 24238 Selent, Fellhusen)*.

Eine Tour auf dem großen, fischreichen See, in dem Hecht, Barsch, Plötze und Maräne zu Hause sind, ist trotz aller Einschränkungen wegen der bewaldeten und verschilften Ufer ein wunderschönes Erlebnis. Tafel-, Reiherenten, Gänsesäger, Graugänse, Seeadler und gar die seltene Rohrweihe können gesichtet werden. Plätschern die Wellen ans Ufer, raschelt der Wind in Schilf und Baumkronen, bleibt auch die ufernahe Straße vom Paddler fast unbemerkt.

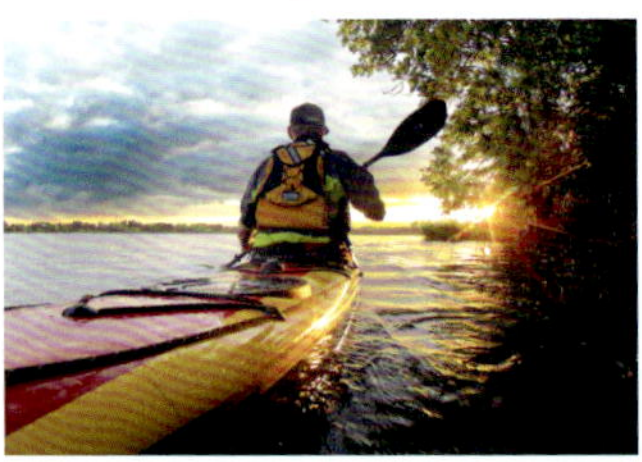

Fast schon ein „Muss", wie auch in Plön, ist die Einkehr in **Bellin** bei der ***Fischerei Reese*** (*Di-Fr 9-17, Sa 9-13, Am See 27, Tel. (04384) 751*) mit Ladengeschäft und Sitzplätzen am See.

Eine ufernahe Übernachtungsmöglichkeit findet sich zwischen beiden Einsetzstellen beim *Campingplatz am Selenter See* mit angeschlossener einfacher, aber günstiger *Zimmervermietung* und *Restaurant*.

Campingplatz am Selenter See
(04384) 59 96 61

In unmittelbarer Nähe des Sees lohnt ein Blick in die ***St. Servatiuskirche*** (12. Jh.) in **Selent**. *Der spätromanische Backsteinbau hat ein gotisches Gewölbe und einen holzgeschnitzten Flügelaltar aus dem 15. Jahrhundert.* Die ***Blomenburg*** *(privat), ein Jagdschloss der Romantik in einem verwilderten Park, ist zur Zeit nicht zu besichtigen.*

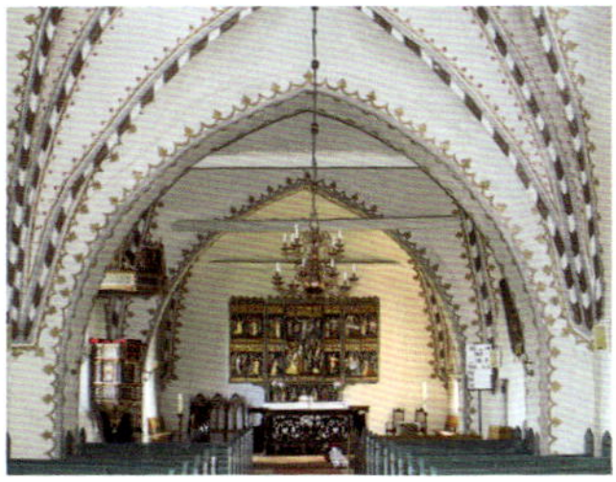

Im Nordostteil des Sees, in **Giekau**, ist die um *1240 erbaute* ***St. Johannis Kirche*** *mit einem Holzkreuz (1591) und einem gotischen Schnitzaltar (1500) sehenswert.*

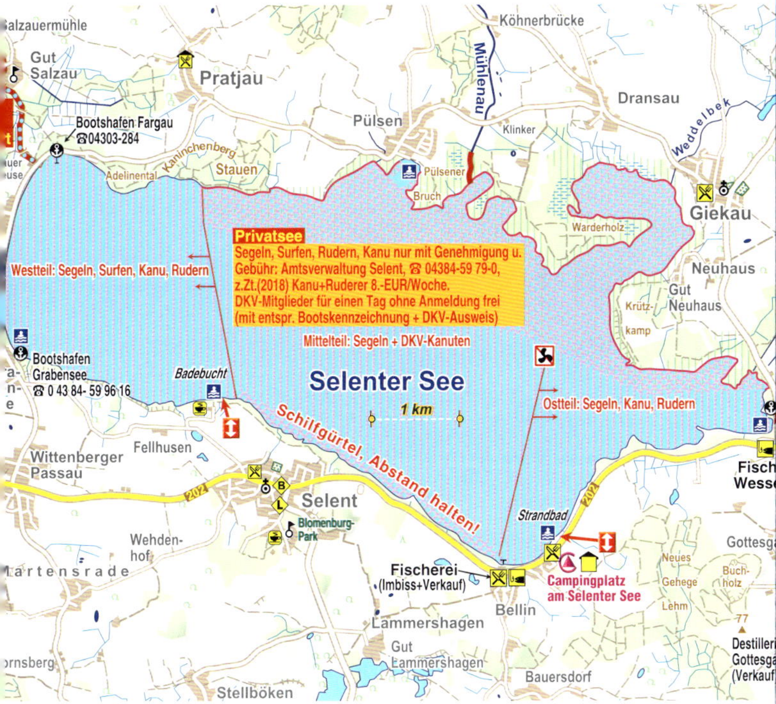

Tour 4 – Kührener Au (Alte Schwentine)

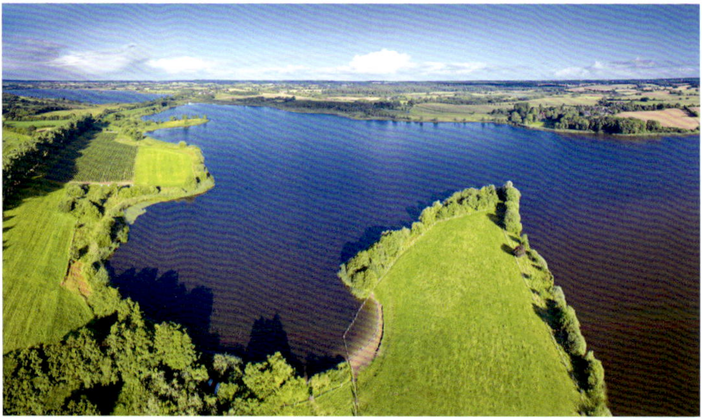

An diesem außergewöhnlichen Fluss erwarten den Kanuten ca. 26 Kilometer „Natur pur", die wegen möglicher Hindernisse und der Portagen aber mitunter hart erarbeitet werden wollen.

Die meisten Seen auf der Strecke sind privat und dürfen, trotz anderslautender Schilder, die man an manchen Ufern findet, befahren werden, solange man sich als Paddler im Verlauf der **Kührener Au** *bewegt und die Seen relativ mittig bepaddelt. Der auch* **„Alte Schwentine"** *genannte Flusslauf durchfließt gleich zu Beginn einsame Kleinseen. Auch an seinem Ende wartet mit dem* **Postsee** *ein kleines Seenparadies. Dazwischen mäandert die* **Kührener Au** *durch Wälder, Weiden, Getreidefelder und Schilfgebiete. In der Geschichte war die Alte Schwentine Teil des Limes Saxoniae und ab etwa 800 n. Chr. Grenzwall zwischen Sachsen und Slawen.*

Eigentlich hat der Fluss die Voraussetzung für eine wunderbare Fahrt durch herrliche Natur. Dem entgegen steht, dass die Au schon seit Jahren nicht mehr freigeschnitten wurde. So haben sich über die Zeit durch häufig auftretende Herbst- und Winterstürme stellenweise abgebrochene Äste und umgekippte Stämme in einem Ausmaß angesammelt, dass gemütliches Paddeln wie auf Schwentine und den Seen leider unmöglich wurde. Wer hier unterwegs ist, muss nicht nur an den vier Umtragestellen aussteigen und sein Boot über Land bewegen, sondern auch damit rechnen gut zwei Dutzend Mal mitten im Bach aussteigen zu müssen, um Kanu und Besatzung über die Stämme zu bugsieren, unter den Ästen hindurchzutauchen oder an Land zu umgehen. Das bedeutet, dass die Tour durchaus anstrengend, nass und kalt werden kann!

Darüber hinaus kann es je nach Wasserstand zu einer Strömung im Fluss kommen, die sicheres Manövrieren an den Hindernissen notwendig macht.

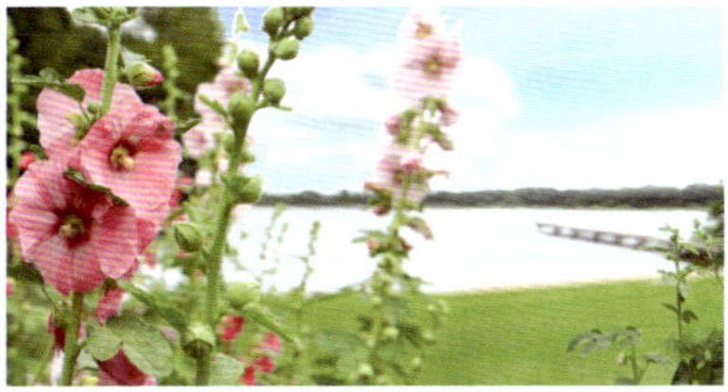

Wer die Tour trotzdem in Angriff nimmt, wird mit einem kleinen, wildnisartigen Abenteuer belohnt. Die Landschaft ist auf langen Strecken besonders einsam, da parallel zur Au praktisch keine Straßen und Wege verlaufen. Längere Kajaks sind nicht zu empfehlen. Kleine Wildwasserboote sind wendig genug viele Hindernisse zu umgehen. Wendige Kanadier eigenen sich ebenfalls, weil man problemlos und schnell aussteigen kann. Neben den natürlichen Hindernissen müssen die Boote an mehreren Stellen umtragen werden. **Die Tour ist 24,3 km lang.**

Da das verlockende Einsetzen an der *Badestelle* in **Bornhöved** verboten ist, rollern wir das Kanu mit dem Bootswagen links am Gelände des Campingplatzes entlang, dann die Seepromenade nach rechts, bis zu der in den See mündenden ***Alte Schwentine***. Dort *starten* wir.

***Bornhöved** war im Mittelalter einst Treffpunkt für die Städteversammlung in ganz Holstein und Schauplatz großer Schlachten zwischen schwedisch-russisch-preußischen Truppen und Dänen. Die 1149 durch Bischof Vicelin geweihte und im romanischen Stil erbaute **St. Jakobi-Kirche** ist zwar schlicht, aber in ihren Ausmaßen überflügelt sie andere Kirchen gleicher Bauzeit.*

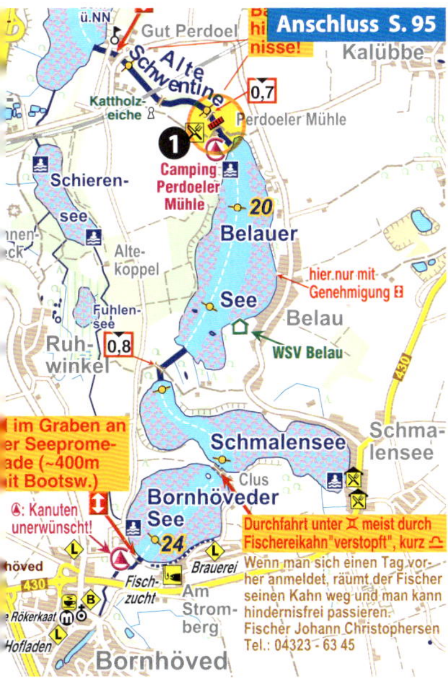

***Das Heimatmuseum „De ole Rökerkaat"** in der Reetdachkate widmet dem spannenden Leben der berühmten Söhne Bornhöveds einen Raum, dem Maler Charles Ross und dem Archäologen Ludwig Ross. Die **Alte Schmiede**, ältestes Handwerksgebäude im Ort, hat seinen alten Werkstattcharakter mit historischem Inventar fast vollständig erhalten (www.alte-schmiede-bornhoeved.de). Der **Bornhöveder Historienpfad** fasst 6.000 Jahre Geschichte in 32 Stationen zusammen, die erwandert werden können (www.bornhoeved.de).*

Im Ort lohnt ein Blick in den **Hofladen Bornhöved** (*Mo, Di, Do, Fr 8-13 +14-18, Mi+Sa 8-13*) oder in den **Braukeller Gotthilf,** wo eigenes Bier handwerklich gebraut wird (*Am Schwarzen Berg 5, einfach klingeln*). Leckeren Räucherfisch und Frischfisch bekommt man bei der **Fischzucht** von **Volker Christophersen** (*Do Räuchertag, Do+Fr 9-13+14-18, Sa 9-13*),

Der ***Bornhöveder See*** wird in gerader Linie gequert, bis man auf einen im Schilf versteckten engen Kanal stößt, der in den ***Schmalensee*** führt. In der Regel liegt ein Fischerboot in der engen Fahrrinne, daher muss das Kanu kurz über die Wiese *umgehoben werden* (ca. 15 Meter) oder beim netten ***Fischer Johann Christophersen*** einen Tag vorher Bescheid gesagt werden (*Tel. (04323) 63 45*), dann fährt er den Kahn weg und macht den Weg frei.

Im länglichen ***Schmalensee*** halten wir uns links und paddeln in Seemitte zum nordwestlichen Ende, wo die ***Kührener Au*** den See durch ein kleines Schilfgebiet verlässt. Nach nur 500 Metern landet man im ***Belauer See***. Einige kleine Inseln machen den See besonders interessant. Die Chance einen Seeadler durch die Luft gleiten zu sehen oder Rehe am Ufer zu erblicken ist hier besonders gut. Jetzt genießt man eine zwei Kilometer lange hindernisfreie Fahrt mittig über den See.

Campingplatz Perdoeler Mühle
(04326) 12 46

Das unbeschwerte Paddeln endet am **Campingplatz**, wo wir an der **Perdoeler Mühle** (*ambitioniertes Bistro-Café! Tel. (04326) 10 67, Sa 14.30-17.30, So 9.30-17.30*) ca. 100 Meter *umtragen* werden (*siehe Detailkarte* ❶). Links aussetzen – über die Brücke – rechts wieder einsetzen. Wer dem Feldweg an der Mühle bergauf folgt, findet nach gut 500 Metern einen skurrilen Baum – die **Kattholzeiche**. *Eine Stieleiche, deren Alter auf 450 Jahre geschätzt wird und die mit stolzen 12,8 Meter Stammumfang die Liste der dicksten Eichen Deutschlands anführt!*

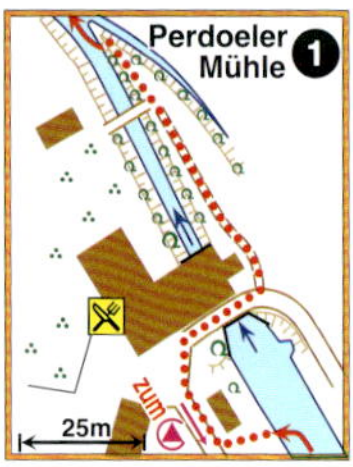

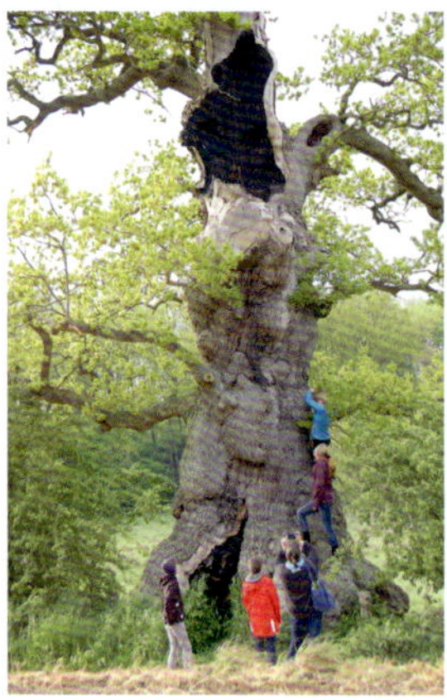

Nach 2 Kilometern schieben, heben und – durchaus auch mal paddeln – landet man, vorbei am **Gut Perdoel**, *einem der ältesten Gütern Holsteins und adliges Rittergut*, im ***Stolper See***, der in seinen Ausmaßen dem bereits durchpaddelten Belauer See ähnelt. Auch hier bitte durchgängig und seemittig zum Nordende durchfah-

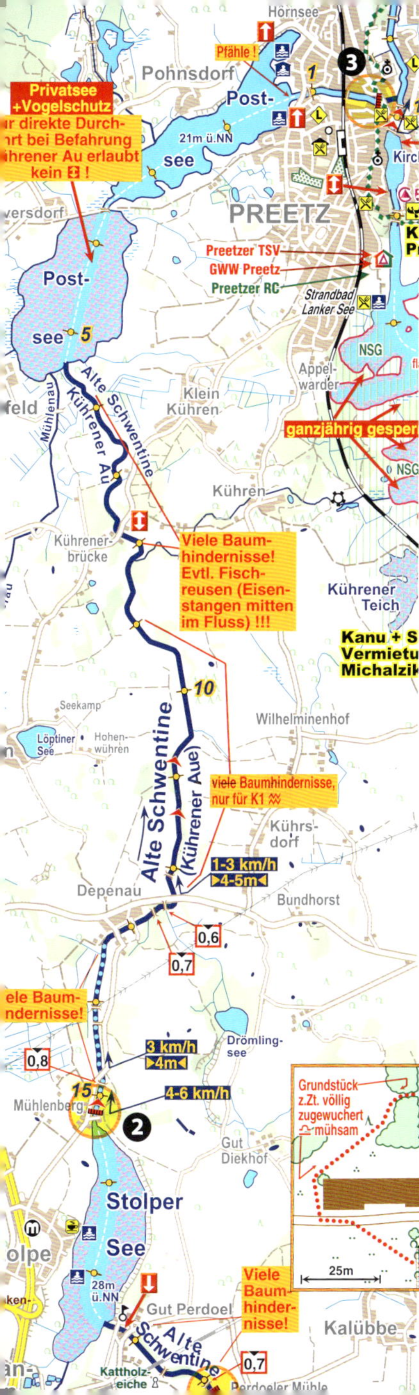

ren. Dort ist es die *Depenauer Mühle* im Weiler **Mühlenberg**, die links über 120 Meter am zerfallenden Mühlengebäude vorbei *umtragen* werden muss (*siehe Detailkarte* **2**).

Hinter der Mühle fließt die ***Au*** etwas flotter. Zahlreiche! Baum- und Buschhindernisse begleiten den Paddler auf den nächsten 10 Kilometern bis zum ***Postsee***. Dafür hat man die Freude, alte Eichen mit ihren riesigen Kronen auf den umliegenden Wiesen und Feldern zu bestaunen. Eine mögliche *Ein-/Aussetzstelle* befindet sich an der ***Kührener Brücke***, die nach etwa 2/3 des Fließabschnitts auftaucht (*Navi: 24601 Stolpe, Depenau 1*).

Der ***Postsee*** besteht aus zwei Wasserflächen, von denen erstere wieder mittig in Richtung Brücke im Norden durchpaddelt werden muss. Ausgedehnte Schilfbestände sorgen für ein reiches Vogelleben. Unter der Brücke hindurch kommt man in den zweiten Seeteil, der überall befahren werden darf.

Am Nordende oder am Ostufer des Sees (*Navi: 24211 Preetz, Wilhelm-Raabe-Str. 31*) besteht die Möglichkeit die Tour zu beenden – an beiden Stellen kann man gut *aussetzen* und *parken*.

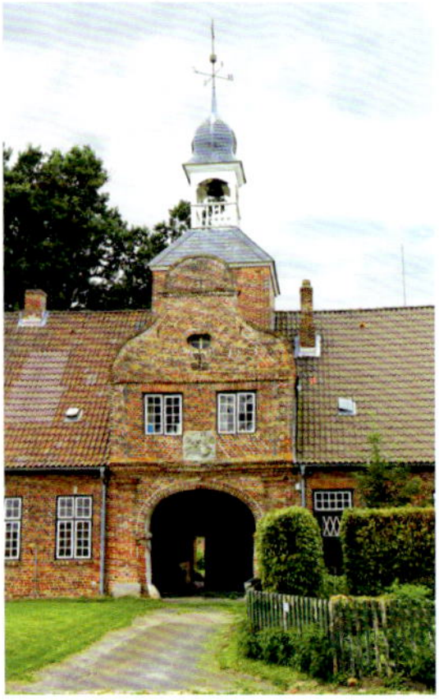

Alternativ kann man weiter in die ***Schwentine*** paddeln, dafür muss man aber in **Preetz** vor der *Sohlgleite* rechts an einem kleinen Steg anlegen und über die stark befahrene Straße hinweg ***umtragen*** (*siehe Detailkarte* ❸). Bei Niedrigwasser kann, durchs steinige Bachbett watend, auch getreidelt werden.

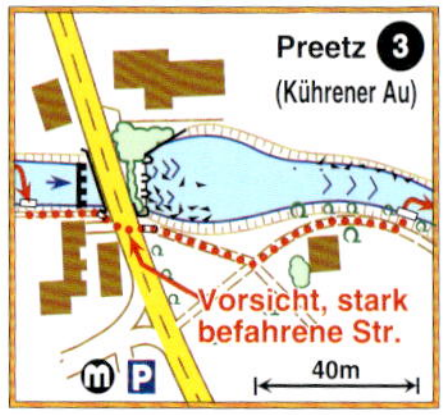

Nun kann die Tour nach Norden bis Kiel oder nach Südosten Richtung Plön fortgesetzt werden.

Literatur- & Kartentipps

- ***Reiseführer Holsteinische Schweiz:*** Herrenhäuser, Hügellandschaften und 200 Seen, *Nicoletta Adams & Ottmar Heinze,* Koehlers V.-G.
- ***„111 Orte zwischen Lübeck und Kiel, die man gesehen haben muss"***, emons
- ***Holsteinische Schweiz, Im Verlauf der Schwentine.*** Bilderreise durch eine einzigartige deutsche Seen- & Flusslandschaft, *P. Schuster*, Boyens Buchverlag.
- ***Plön – Ein Lesebuch, Die Stadt in Erzählungen, Anekdoten, Sagen,*** *Antje Erdmann-Degenhardt,* Husum Druck- und Verlagsgesellschaft.
- ***Der Bahnhof von Plön*** (Roman), *Christopher Ecker,* Mitteldeutscher Verlag.
- ***„Der Narr von Eutin"*** und ***„Der Mohr von Plön"*** (Historische Romane), *Jürgen Vogler,* Windspiel BCO e.K.
- ***„Windige Hunde", Franziskas 2. Fall*** (Krimi), *A. Fehrenbach,* Gmeiner Verlag.
- ***„Nordgier"*** und ***„Im Schatten der Loge"*** (Hinterm Deich Krimis), *Hannes Nygaard, Jens Rusch,* emons Verlag
- ***„Kielholen"***, *Arnd Rüskamp,* ***„Buttgeflüster", „Den Letzten beißt der Dorsch", „Grätenschlank",*** *Ute Haese,* (alle vier Küsten Krimis), emons Verlag
- ***outdoor Regional „Holsteiner Land"*** (23 Wanderungen), Conrad Stein Verlag
- ***Wander- und Freizeitkarte Holsteinische Schweiz (1 : 25 000).*** Das wald- und seenreiche Hügelland zwischen Kiel und Lübeck, Landesamt Vermessung.
- ***Bikeline Radkarte Holsteinische Schweiz, Fehmann (SH05):*** Eutin, Heiligenhafen, Neustadt (Holstein), Plön, Timmendorfer Strand, Travemünde, Preetz, 1:75 000, Esterbauer Verlag.

Übernachtung in Wassernähe

Ascheberg (PLZ 24326)

Campingplatz Musbergwiese, Strandhalle, Tel. (04526) 445

Naturcampingplatz Seekamp, Plöner Chaussee 5, Tel. (04526) 18 06

Bad Malente-Gremsmühlen (PLZ 23714)

Camping „An der Schwentine", Wiesenweg 14, Tel. (04523) 43 27, www.camping-bad-malente.de

Hotel Diekseequell, Diekseepromenade 21, Tel. (04523) 880 80, www.diekseequell.de

Jugendherberge Bad Malente am Kellersee, Kellerseestr. 48, Tel. (4523) 17 23, www.badmalente.jugendherberge.de

Pension Brüchmann, Diekseepromenade 19, Tel. (04523) 21 41 & 0172-433 11 58, www.pension-bruechmann.de

Bösdorf (OT von 24306 Plön)

Camping Gut Ruhleben, Missionsweg 2, Tel. (04522) 83 47, www.camp-ruhleben.de

Bosau (PLZ 23715)

Camping Bosau, Strandweg 16, Tel. 0162-617 53 68, www.camping-bosau.de

djo-Jugendfreizeitstätte Bosau, Stadtbeker Str. 118, Tel. (04527) 220, www.djo-bosau.de

Gasthaus Zum Frohsinn, Bischof-Vicelin-Damm 16-18, Tel. (04527) 269, www.zum-frohsinn.de

Haus Schwanensee, Plöner Str. 15-19, Tel. (04527) 997 00, www.schwanensee.com

Dersau (PLZ 24326)

Appel's Gasthof Seeblick, Dorfstr. 65, Tel. (04526) 30 03, www.appel-hotel-seeblick.de

Campingplatz Seeblick, Dorfstr. 59, Tel. (04526) 12 11, www.camping-dersau.de

Haus zum See (Fewo), Dorfstr. 45, Tel. (04526) 80 76, www.haus-zum-see.de

Fissau (OT von 23701 Eutin)

GreenLine Hotel Seeschloss am Kellersee, Leonhard-Boldt-Str. 19, Tel. (04521) 80 50, www.greenline-hotels.de

Naturpark-Camping Prinzenholz (Zelt + Schlaffass), Prinzenholzweg 20, Tel. (04521) 52 81, www.nc-prinzenholz.de

Godau (PLZ 24326)

Camping Godau, Spiegelberg 3, Tel. 0172-757 73 82, www.urlaub-ploener-see.de

Kiel

Ellerbeker Turnvereinigung, Kanuabteilung, Scharweg 10, 24149 Kiel, Tel. (0431) 240 62 00 & 0151-425 299 70 (*möglichst Voranmeldung*), www.etvkanusport.de

Kieler Kanu-Klub von 1921 e.V., Düsternbrooker Weg 46, 24105 Kiel, Tel. (0431) 561 522, www.kieler-kanu-klub.de

Klausdorf (OT von 24222 Schwentinental)

TSV Klausdorf e.V., Wiesenhörn 5, Tel. 0152-528 946 39 & (0431) 796 53, www.kanuklausdorf.de

Nehmten (PLZ 24326)

Pehmer-Hörn Campingplatz Brüne, Pehmerhörn 1, Tel. (04555) 10 35, www.campingplatz-bruene.de

Niederkleveez (PLZ 24306)

Fährhaus Niederkleveez, Am Dieksee 6, Tel. (04523) 984 89 89, www.faehrhaus-dieksee.com

Perdoeler Mühle (OT von 24601 Belau) Kührener Au (Alte Schwentine)

Camping Perdoeler Mühle, Perdöler Mühle 3, Tel. 0176-32 25 27 91, www.perdoel.de

Plön (PLZ 24306)

Altes Fährhaus, Eutiner Str. 4, Tel. (04522) 767 90, www.altes-faehrhaus.de

Akademie am See, Koppelsberg 7, Tel. (04522) 741 50, www.akademie-am-see.net

DJH Plön, Ascheberger Str. 67, Tel. (04522) 25 76, www.ploen.jugendherberge.de

Ev. Jugend-, Freizeit- u Bildungsstätte Koppelsberg, Koppelsberg 12, Tel. (04522) 50 72 30, www.jfbs.koppelsberg.eu

Haus am See (FeWo am Trammer See), Apenrader Str. 31, Tel. (04522) 23 10, www.fewo-ploen.de

Haus Seerose Plön (FeWo am Trentsee), Appelwarder 6a, Tel. (04522) 33 37, www.haus-seerose-ploen.de

Hotel-Rest. Fegetasche, Fegetasche 1, Tel. (04522) 90 51, www.fegetascheploen.de

Hotel Seeufer, Prinzenstraße 9, Tel. (04522) 20 15, www.hotel-seeufer.de

Naturcamping Spitzenort, Ascheberger Str. 76, Tel. (04522) 27 69, www.spitzenort.de

Wassersportverein Plön Fegetasche e.V., Ölmühlenallee, Tel. 0157-715 706 54 und (04522) 76 01 35, www.wpf-ploen.de

Preetz (PLZ 24211)

Camp Lanker See, Gläserkoppel 3, 24211 Schellhorn, Tel. (04342) 815 13, www.camp-lankersee.de

Gemeinschaft der Wasserwanderer, Castöhlenweg 3, Tel. (04342) 845 89, www.gww-preetz.de

Kanucenter Preetz - Plön, Naturcamping Kirchsee, Kahlbrook 25 a, Tel. (04342) 30 95 49, www.kanucenter-ploen.de

PTSV Abteilung Kanu, Castöhlenweg 1, Tel. 0171-214 39 58, www.preetzer-tsv.de

Selenter See (24238 Lammershagen)

Campingplatz am Selenter See (auch Zimmervermietung), See 1, 24238 Lammershagen, Tel. (04384) 59 96 61, www.campingplatz-am-selenter-see.de

Sielbeck (OT von 23701 Eutin)

Uklei Fährhaus, Eutiner Str. 7-9, Tel. (04521) 24 58, www.uklei-faehrhaus.de

Timmdorf (PLZ 23714)

Landgasthof Kasch, Dorfstr. 60, Tel. (04523) 33 83, www.landgasthof-kasch.de

Wahlstorf (OT von 24211 Preetz)

Landgasthof „Zur Alten Schule", Lindenallee 6, Tel. (04342) 787 55 07, www.alteschule-wahlstorf-hof.de

Wittmoldt (PLZ 24306)

Gut Wittmoldt, Am Lütten Diek 2, Tel. (04522) 12 63, www.gut-wittmoldt.de

Kanuvermieter, geführte Kanutouren & Veranstalter

Eutin (PLZ 23701)

Kanu-Vermietung Eutin & Boote Keusen, Sielbecker Landstr. 17, Tel. (04521) 4201, www.boote-keusen.de

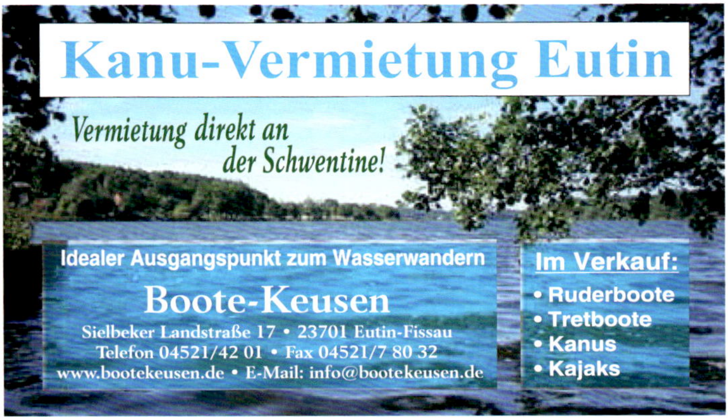

Kiel (PLZ 24149)

Schwentinetalfahrt, An der Holsatiamühle, Tel. (0431) 722 428, www.schwentinetalfahrt.de

Malente (PLZ 23714)

Kanucenter Malente, Ferienhof Radlandsichten, Tel. (04523) 73 89, www.kanucenter-malente.de

Plön (PLZ 24306)

Kanuvermietung Plön, Ascheberger Str. 6, Tel. (04522) 41 11 oder (04522) 593 997, www.kanuvermietungploen.de

Preetz (PLZ 24211)

Kanucenter Preetz – Plön / Naturcamping, Kahlbrook 25 a, Tel. (04342) 30 95 49, www.kanucenter-ploen.de

Wahlstorf (OT von 24211 Preetz)

Kanu Vermietung Michalzik (am Fuhlensee), Lindenallee 2, Tel. 0173-795 83 19

SUP-Vermieter

Kanucenter Preetz – Plön, Kahlbrook 25 a, 24211 Preetz, Tel. (04342) 30 95 49, www.kanucenter-ploen.de

SUP Adventures Malente, Bahnhofstr. 13, 23714 Malente, Tel 0152-31 77 72 66, (04523) 207 14 15, www.sup-adventures-malente.de

SUP Vermietung am Fuhlensee, Lindenallee 2, 24211 Wahlstorf, Tel. 0173-795 83 19

Fahrradvermieter

Bosau (PLZ 23715)

Gustav Harm, Achter de Mur 24, Tel. (04527) 970 07

Dersau (PLZ 24326)

Familie Ortlieb, Redderberg 6, Tel. (04526) 88 36

Eutin (PLZ 23701)

Fahr-Rad-Laden, Lübecker Str. 42, Tel. (04521) 795 73 79, www.fahrradladeneutin.de

Radsport Eutin, Meinsdorfer Weg 29, Tel. (04521) 766 064, www.radsport-eutin.de

Kiel

Fahrradverleih Kiel, Hamburger Chaussee 26, Tel. (0431) 666 70 75, www.fahrradverleih-kiel.de

Fahrradstation Pi-Quadrat, Westring 248, Tel. (0431) 149 99 79, www.piquadrat-kiel.de

MEGA Bike - Kiel City, Alter Markt 16, Tel. (0431) 666 89 63, www.megabike24.de

ONE 2 BIKE, Ringstr. 45, Tel. (0431) 386 742 72, www.one-two-buy.com

Malente (PLZ 23714)

Wöllert Zweiradshop, Marktstr. 1, Tel. (04523) 16 42, www.woellert-gartentechnik.de

Plön (PLZ 24306)

Lindes Fahrradverleih, Brückenstr. 26, Tel. (04522) 43 79

Räderwerk, Eutiner Str. 44, Tel. (04522) 508 670, www.raederwerk-ploen.de

Wilhelm Schmidt Fahrradverleih, Hinterste Wache 4, Tel. (04522) 28 91

Wittich, Lange Str. 39, Tel. (04522) 27 48, www.fahrrad-wittich.de

Preetz (PLZ 24211)

Andys Fahrradecke, Rastorfer Str. 3, Tel. (04342) 903 37 54, www.andysfahrradecke.de

Kanucenter Preetz – Plön / Naturcamping, Kahlbrook 25 a, Tel. (04342) 30 95 49, www.kanucenter-ploen.de

Sehenswürdigkeiten

Ascheberg (PLZ 24326)

Windmühle Sventana, Langenrader Mühle, Tel. (04526) 18 73

Bosau (PLZ 23715)

Dunkersche Kate, Bischof-Vicelin-Damm 11, Tel. (04527) 997 10

Eutin (PLZ 23701)

Schloss Eutin, Schlossplatz 5, Tel. (04521) 709 50, *10. Apr - 18. Jun Di - So 11-17, 19. Jun-17. Sep Mo-So 10-18, 18. Sep-Okt Di-So 11-17, Eintritt 8 € / 2 €, Fam. 16 €, Führung + 4 €,* www.schloss-eutin.de

Eutiner Landesbibliothek, Schlossplatz 4, Tel. (04521) 78 87 70, *Di + Fr 9.30-18, Do 9.30-19, Mi + Sa 9.30-13*, www.lb-eutin.de

Ostholstein-Museum, Schlossplatz 1, Tel. (04521) 78 85 20, *Apr-Sep Di-Fr 11-17, Sa, So, Fei 10-17*, Eintritt 5,- € / 2,50 €, www.oh-museum.de

Wasserturm Eutin, Bismarckstr. 29, *Mai-Okt, Di-So 11-16,* Eintritt frei

Eutiner Festspiele, Am Schlossgarten 7, Tel. (04521) 800 10, www.eutiner-festspiele.de

Fissau (OT von 23701 Eutin)

Fissauer Heimatstube, Auestr. 11, Tel. (04521) 55 34, *Jun-Sep Do 16-18*

Leonard Boldt Galerie, Leonhard-Boldt-Str. 6, Tel. (04521) 80 50, *Sa+So 12-18*, www.leonhard-boldt-galerie.de

Kiel

Aquarium GEOMAR (30 Schaubecken, Außenbecken mit Seehunden), Düsternbrooker Weg 20, Tel. (0431) 600 16 37, *ganzjährig tgl. 9-18, Eintritt 3 € / 2 €, Fam. 9 €,* www.aquarium-geomar.de

Botanischer Garten Kiel, Am Botanischen Garten 1-9, Tel. (0431) 880 427 642 75, *Schaugewächshäuser in der Saison tgl. 9.30-17.30*, Aboreten aus verschiedenen Kontinenten & Schaugewächshäuser. *Eintritt frei*, www.uni-kiel.de/nickol/botgar.html

Hörnhafen, Am Ende der Kieler Förde liegt dieses kleine, hübsche Hafenbecken in dem zahlreiche Traditionssegler festgemacht sind. *Freier Zutritt zum Gelände*, aber nicht auf die Schiffe.

Kieler Rathaus, Fleethörn 9. Der 106 Meter hohe Turm hat den Glockenturm Venedigs als Vorbild, Turmfahrten mit Paternoster, *Mo, Di 7.30-16, Mi 7.30-12, Do 7.30-18, Fr 7-12, Eintritt frei,* www.ostsee.de/kiel/rathaus.html

Marinemuseum, Marine-Ehrenmal Laboe mit unterirdischer Gedenkhalle und Historischer Halle sowie Technisches Museum U-Boot U 995, Strandstr. 92, Tel. (04343) 494 849 62, *Apr-Mai tgl. 9-18, Jun-Sep tgl. 9-19, Eintritt mit Kombikarte für alle Sehenswürdigkeiten 9,50 € / 6,50 €,* www.deutscher-marinebund.de

Malente (PLZ 23714)

Tews Kate & Heimatmuseum, Sebastian-Kneipp-Str., Tel. (04523) 28 52, *Ostern-Okt, Di-So 14-17*, www.heimatverein-malente.de

Kurpark Malente, Bahnhofstr. 4 a, *ganzjährig 9-18 (im Sommer bis 22), Eintritt frei*

Wildpark Malente, Sebastian-Kneipp-Str. 99, *ganztägig, Eintritt frei,* www.wildpark-malente.de

Ab 2018 neuer Holzbergturm im Malenter Ortsteil Neversfelde, Grebiner Weg

Hochseilgarten Malente, Ferienhof Radlandsichten, Tel. (04523) 984 705, www.hochseilgarten-malente.de

Immenhof-Museum, Kampstr. 1, Tel. 0151-10 21 29 51, *Mi, Fr-So, Fei 14-17, Eintritt 2,- € / 1 €,* www.immenhofmuseum.de

Plön (PLZ 24306)

Info-Zentrum Naturpark Holsteinische Schweiz / Naturparkhaus, Schlossgebiet 9, Tel. (04522) 74 93 80, *Dez + Jan geschl., Feb + Nov am Wochenende (12-17), Mär-Okt Di-So 12-17, Eintritt 1,- / 0,50 €,* www.naturpark-holsteinische-schweiz.de

Museum des Kreises Plön, Johannisstr. 1, Tel. (04522) 74 43 91, *Mai-Sep Di-So 10-12 & 14-17, Okt-Apr Di-So 14-17, Eintritt: 2,50 € / 2,- €,* www.kreismuseum-ploen.de

Schloss Plön, Schlossberg 1, Tel. (04522) 80 10, Besichtigung innen nur mit Führung, *Eintritt & Führung gratis, Mi 19-21, Do, Sa+So 16.30-18.30,* www.fielmann-akademie.com

Preetz (PLZ 24211)

Adeliges Kloster Preetz (13. Jh.), Klosterhof 5, Tel. (04342) 868 29, *Führungen 15. Mai-15. Sep 15 und zusätzl. Di, Mi, Fr 11*, www.klosterpreetz.de

Heimatmuseum, Mühlenstr. 14, Tel. (04342) 18 88, *Mi, Sa, So 15-17, Eintritt 3 €, Kinder frei, Familien 4 €,* www.museum-preetz.de

Tourist-Infos

Ascheberg Marketing e.V., Katharinenplatz 1, 59387 Ascheberg, Tel. (02593) 63 24, www.ascheberg-touristinfo.de

Tourist-Info Dersau, Dorfstr. 67, 24326 Dersau, Tel. (04526) 680, www.holsteinischeschweiz.de

Tourist-Info Eutin, Markt 19, 23701 Eutin, Tel. (04521) 709 70, www.holsteinischeschweiz.de/tourist-info-eutin

Tourist-Info Kiel, Andreas-Gayk-Str. 31, 24103 Kiel, Tel. (0431) 679 100, www.kiel-sailing-city.de

Mats – Malente Tourismus- und Service-GmbH, Bahnhofstr. 3, 23714 Malente, Tel. (04523) 984 27 30, www.holsteinischeschweiz.de/tourismus-malente

Tourist-Info Großer Plöner See, Bahnhofstr. 5, 24306 Plön, Tel. (04522) 509 50, www.holsteinischeschweiz.de/ploen

Tourist-Info Preetz, Mühlenstr. 9, 24211 Preetz, Tel. (0 43 42) 728 04 20, www.preetz.de

Allgemeines zum Thema Kanu

Bundesverband Kanu e.V., c/o BVWW, Gunther-Plüschow-Str. 8, 50829 Köln, *Tel. (0221) 595 71-0,* www.bvkanu.de

Deutscher Kanu-Verband, Bertaallee 8, 47055 Duisburg, Tel. (0203) 997 59-0, www.kanu.de

kajak magazin, Schulstr. 12, 76532 Baden-Baden, Tel. (07221) 95 21-0, www.kajak-magazin.de

KANU-Magazin, Oedenberger Str. 65, 90491 Nürnberg, Tel. (0911) 569 23 33-0 , www.kanumagazin.de

Der Autor

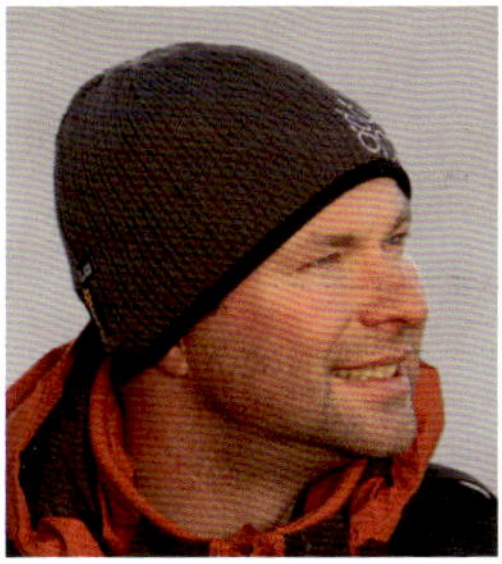

Björn Nehrhoff von Holderberg
ist mit allen Wassern gewaschen. Schon als Kind von seinen Eltern im Faltboot mitgeschleppt, wurde er früh vom Paddelvirus infiziert.
Der Reisebuchautor schreibt und fotografiert für Kanu- und Outdoormagazine und ist zusammen mit Frau und Freunden bevorzugt überall dort unterwegs, wo das Wasser salzig ist.

Seine Internetseite ***www.liquidmedicine.de***

Jübermann - Kartographie und Verlag

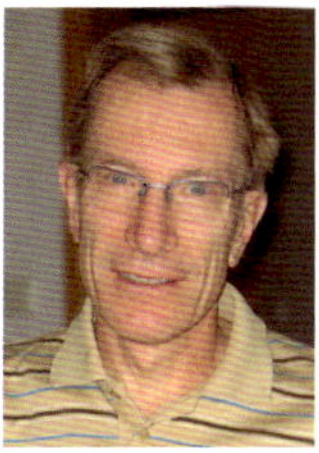

Der ***Jübermann-Verlag*** hat sich auf die Herstellung von Gewässerkarten für Wassersportler spezialisiert.
Karten, im Maßstab 1:100.000 und größer, sind in bezug auf die Gewässer bzw. Wassersportinhalte im Gelände komplett überprüft. Jeder dargestellte Gewässer-km ist auch per Boot kontrolliert worden. Hier sind keine Schreibtischtäter am Werk, sondern passionierte Wassersportler ***www.juebermann.de***

Aus der Buchreihe KANU KOMPAKT

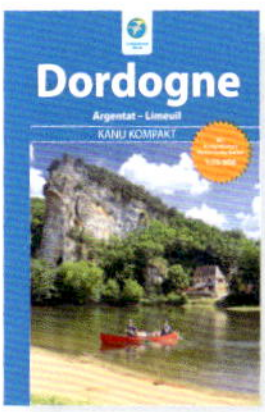

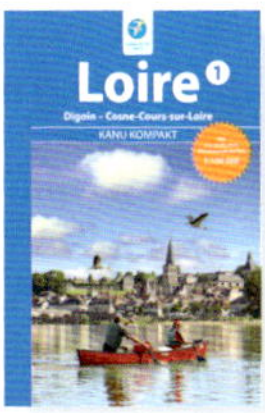

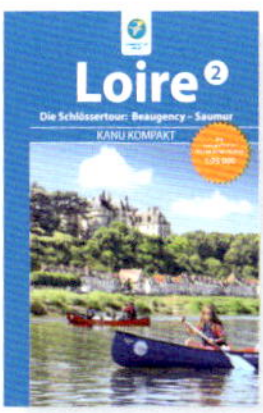

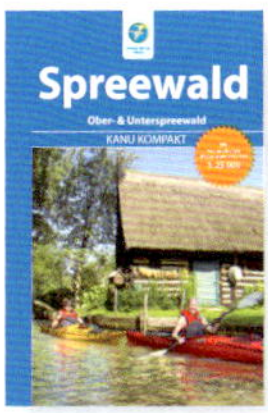

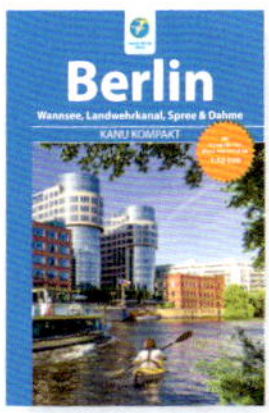

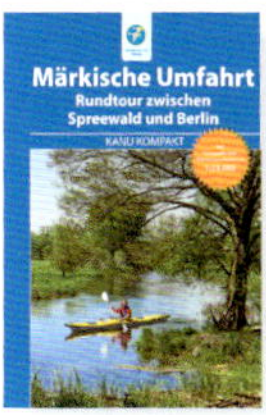

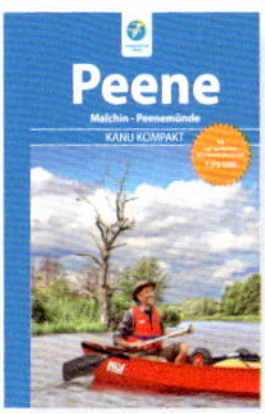

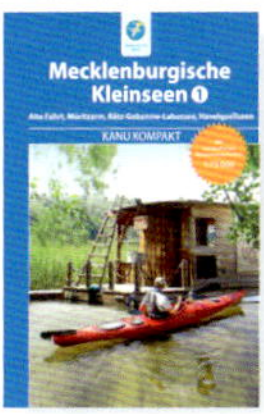

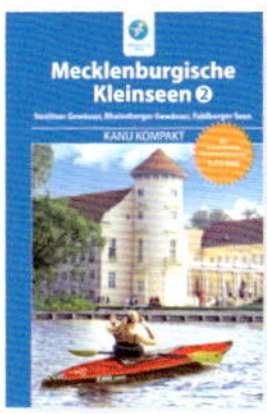

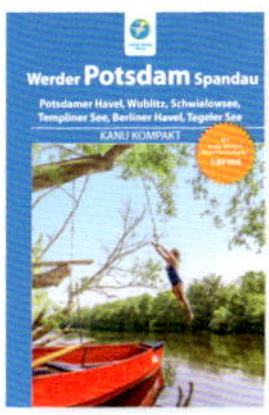

Weitere Titel: Isar & Loisach, Altmühl, Naab & Vils, Regen, Mosel, Lippe, Werra, Weser, Müritz-Elde-Wasserstraße, Ems, Ruhr, Lahn.

A

Alte Schäferei *30*
Alte Schwentine *92*
Ascheberg *71, 83, 85, 86*
Ascheberger Warder *85*
Augstfelde *77*

B

Bad Malente *37, 38*
Bad Malente-Gremsmühlen *40*
Behler See *42*
Belauer See *94*
Bellin *90*
Bischofssee *78*
Bischofswarder *79*
Bismarckturm *77*
Bornhöved *93, 94*
Bornhöveder See *94*
Bosau *71, 78, 80*
Bräutigamseiche *39*

D

Depenauer Mühle *95*
Dersau *71, 84*
Dieksee *40*
Dietrichsdorf *64*

E

Edebergsee *44*
Eutin *23, 32*
Eutiner Wasserturm *33*

F

Fasaneninsel *31*
Fegetasche *44, 75, 89*
Fissau *34*
Fissauer Bucht *33*
Fissauer Fährhaus *34*
Freudenholmer Bucht *59*
Fuhlensee *57*

G

Giekau *91*
Godau *82*
Grebin *42*
Grebiner Mühle *42*
Grebiner See *42*
Gremsmühlen *40*
Großer Eutiner See *30*
Großer Plöner See *20, 45, 52, 70*
Gut Ascheberg *85*
Gut Nehmten *81*
Gut Perdoel *94*
Gut Rastorf *62*
Gutshaus Wittmoldt *55*
Gut Stockseehof *84*
Gut Wahlstorf *57*
Gut Wittmoldt *55*

H

Hofkamp *84*
Höftsee *43*
Holsteinische Schweiz *69*

I

Insel Olsborg *46*

K

Kattholzeiche *94*
Kellersee *34, 35, 38*
Kellersee Nordufer *36*
Kellersee Südufer *38*
Kiel *64, 66*
Kieler Förde *24, 64*
Kirchsee *60*
Klausdorf *63*
Kleiner Plöner See *54*
Kloster Preetz *61*
Koppelsberg *86*
Kronsee *57*
Kührener Au *92*

L

Langenrader Mühle *86*
Langensee *42*
Lanker See *58*

M

Malente *23, 37, 38, 40*
Malenter Au *37*
Mühlenberg *95*
Mühlensee *54*

N

Naturlehrpfad „WunderWelt Wasser" *37*
Nehmten *81*
Niederkleveez *41*

P

Pehmer Hörn *80, 81*
Perdoeler Mühle *94*
Plön *44, 46, 48, 87, 88*
Plöner Wasserturm *46*
Plön-Fegetasche *44*
Postsee *92, 95*
Preetz *23, 59, 60*
Prinzeninsel *52, 83, 87*

R

Raisdorf *62, 63*
Rastorf *62*
Rastorfer Mühle *63*
Rathjensdorf *51*
Rohrdommelbucht *53, 87*
Rosensee *62*
Rothensande *38*
Ruhleben *76*
Ruhlebener Warder *76*

S

Schloss Ascheberg *85*
Schloss Eutin *32*
Schmalensee *94*
Schwanensee *51*
Schwentine *4, 22*
Schwentinental *23, 62*
Schwentinepark *63*
Selent *90, 91*
Selenter See *90*
Sepel *84*
Sielbeck *36*
Spitzenort *53, 87*
Stadtsee *51*
Stocksee *81*
Stockseehof *84*
Stolper See *94*

T

Tensfelder Au *81*
Timmdorf *23, 41, 42*
Trammer See *51*
Trentsee *51*

U

Ukleisee *36*

V

Vierer See *76, 77*

W

Wahlstorf *57, 58*
Wellingdorf *64*
Wittmoldt *55, 56*